MŒURS RUSSES.

L'HERMITE
EN RUSSIE,

ou

OBSERVATIONS

SUR LES MŒURS ET LES USAGES RUSSES
AU COMMENCEMENT DU XIXe SIÈCLE.

T. III.

PILLET AÎNÉ, IMPRIMEUR DU ROI,
Rue des Grands-Augustins, n, 7.

L'HERMITE
EN RUSSIE,

OU

OBSERVATIONS

SUR LES MŒURS ET LES USAGES RUSSES
AU COMMENCEMENT DU XIXe SIÈCLE;

Faisant suite

A LA COLLECTION DES MŒURS FRANÇAISES, ANGLAISES,
ITALIENNES, ESPAGNOLES, etc.

PAR E. DUPRÉ DE St-MAURE,

Chevalier de la Légion-d'Honneur, ex-Membre du Corps-Législatif, ancien
Sous-Préfet, auteur d'*Hier et Aujourd'hui*, de l'*Anthologie russe*, etc.

Orné de Gravures et de Vignettes.

TOME TROISIÈME.

A PARIS,

CHEZ PILLET AINÉ, IMPRIMEUR DU ROI,

ÉDITEUR DU VOYAGE AUTOUR DU MONDE,

RUE DES GRANDS-AUGUSTINS, N° 7.

1829.

L'HERMITE
EN RUSSIE.

LE COMTE SCHOUWALOFF.

—

Ut benè vivitur, diù vivitur.
Pʟᴀᴜᴛᴇ, *le Trinum.*, act. I, sc. 2.
Quand on vit bien, la vie est toujours assez longue.

Lᴇ lieutenant-général comte Schouwaloff, aide-de-camp de l'empereur, âgé seulement de cinquante ans, vient de mourir subitement; cette mort produit ici une sensation douloureuse. J'ai déjà vu se déployer toutes les pompes du cercueil; mais aujourd'hui la magnificence des honneurs funèbres égalait à peine les regrets d'une foule souvent plus curieuse qu'affligée; c'est un juste hommage à la mémoire d'un homme bon, vertueux, religieux, et digne d'être

III.

I

l'ami de son auguste maître. La réunion de qualités brillantes et du mérite modeste est peu commune, c'est ce qui distinguait éminemment le général Schouwaloff. Illustre par de beaux faits d'armes, et notamment par les services qu'il rendit à l'armée russe dans la campagne de Finlande en 1808, il préférait à l'éclat de la gloire le mérite obscur des actions généreuses. Secondé par une immense fortune, son ame était toujours disposée à la bienfaisance ; on peut dire sans exagération qu'il fut le beau idéal de la probité, de la droiture et de l'honneur. Je ne le connaissais point personnellement, mais le suffrage général m'apprit ses vertus, et cette voie est rarement trompeuse.

Chargé par l'empereur Alexandre, en 1814, d'accompagner Bonaparte au lieu de son embarquement, avec les commissaires des autres puissances, il défendit la vie de son prisonnier contre les fureurs du peuple d'Orgon.

Au retour de cette mission, il se rendit en Suisse, pour voir une tante, la comtesse *Golowkin* ; cette dame lui ayant fait connaître son désir de disposer en sa faveur de tous ses biens, le comte déclara que sa conscience lui défendait d'accepter ses dons si elle ne les divisait entre les trois enfans de son frère et lui ; la comtesse mourut quelques années après, et les partages se firent comme le comte l'avait désiré.

Depuis long-tems, le général Schouwaloff se plaignait, les médecins ne comprenaient rien à ses souffrances ; presque toujours leur science est déroutée par un mal dont le caractère est indéterminé. Le comte, plus clairvoyant, sentait en lui le principe d'une destruction prochaine ; souvent sa femme le trouva prosterné devant les saintes images, et baignant le parquet de ses larmes. « Cela fait du bien, disait-il, avec un doux sourire ; en priant, mes douleurs se calment, et j'éprouve cette pure joie qui nous vient du ciel. »

Peut-être lira-t-on avec intérêt cette courte notice ; on apprécie mieux un pays lorsqu'on connaît quelques-unes des belles réputations dont il s'honore.

L'empereur se rendit à l'église de l'Amirauté où se célébrait le service du général. A midi, le cortége se forma sur la grande place du palais d'hiver, et défila dans l'ordre suivant :

Le général grand-maître de police avec un détachement des dragons de la police ; les hommes des funérailles en longues robes noires, en chapeaux à larges bords, et portant des torches ; les gens du comte vêtus de noir avec galons blancs et pleureuses ; un officier portant l'écusson ; douze officiers des chevaliers-gardes portant sur des coussins les insignes du mort ; à leur suite, pareil nombre d'officiers du même corps, pour suppléer les premiers dans le service des honneurs ; le cheval de bataille du général conduit à la main par un piqueur ; les chantres de la cour en habits cramoisis galonnés d'or ; un grand nombre de prêtres couverts d'ornemens funèbres de la plus grande richesse ; le corbillard, suivi des parens, à pieds, en grand uniforme ; l'empereur Alexandre, ayant à sa droite le prince d'Orange, les grands ducs Nicolas et Michel ; trente aides-de-camp de l'empereur ; une musique militaire exécutant des airs lugubres ; un escadron du régiment des chevaliers – gardes dans lequel avait servi le général Schouwaloff ; les artilleurs de la garde à cheval, avec les canons couverts de crêpes noirs ; la voiture de la comtesse Schouwaloff drapée de noir et garnie de franges ; un grand nombre de voitures ; les dragons de la police fermant la marche.

Le cortége s'est dirigé vers le cimetière d'Okta en côtoyant le palais de la Tauride: c'est dans ce cimetière que reposent les ancêtres de la *maison Schouwaloff*.

Depuis la mort du comte *Tolstoï*, maréchal de la cour, c'était la première fois que l'empereur assistait au convoi funèbre d'un de ses officiers ; le tems était froid, sombre et tout-à-fait en rapport avec la tristesse publique : quel tableau ! Un homme jeune encore, comblé de tous les biens et les méritant toûs, enlevé dans l'espace de quelques minutes ; l'auguste figure d'un grand souverain bouleversée par la douleur, et ce souverain suivant à pied le corps d'un fidèle serviteur. L'Alexandre payen égorgea ses amis, l'Alexandre chrétien les affectionne de leur vivant et les honore après leur mort ; enfin le peuple se pressant à la suite du cortége, et disant d'une voix émue : « C'était un homme de bien, un protecteur des malheureux !! » Jamais cérémonie funèbre ne m'a plus profondément ému que celle-là.

Ici, une multitude de prêtres font retentir les airs des pieux accens de la douleur jusqu'au dernier asile ; à Paris, l'intolérance philosophique interdit au clergé le droit de suivre processionnellement le cortége ; les ministres du culte dominant ne peuvent dépasser le seuil de l'église ; un seul se rend furtivement au cimetière, comme si la religion de l'état devait se cacher pour recommander à la clémence divine les victimes que la mort a frappées.

Le jour même de la mort du comte Schouwaloff *, l'empereur alla chez sa malheureuse femme, âgée de vingt-six ans; le monarque pleura avec cette épouse désolée : toute la majesté du rang s'évanouit dans l'expression de sa douleur.

Alexandre porta aussi ses regrets chez l'angélique Mme Potemkin, aussi remarquable par ses vertus que par sa beauté; la conversation prit une teinte religieuse : l'empereur, exalté par ses regrets, abandonna sa réserve habituelle; il parla avec une chaleur éloquente des devoirs du chrétien, de son mépris pour les grandeurs de la terre, pour cette vie si fugitive et si mêlée d'amertume. « Oui, madame, ajouta-t-il, je

---

* Le colonel prince André Galitzin, neveu du comte, publia une notice nécrologique en langue française. Cet hommage fut très-remarquable, en ce que la grâce du style ne nuisit point aux touchantes expressions d'une vraie douleur, mérite peu commun dans ce genre d'écrits.

n'éprouve de véritable bonheur que lorsque, pouvant me dérober aux soucis du trône, j'élève mon ame vers le ciel, vers cet avenir tout à la fois si redoutable et si consolant. » Je rapporte les propres termes d'Alexandre, ils confirment ce que j'ai dit de sa mélancolie habituelle *.

* On peut croire qu'elle était en lui une sorte de pressentiment. Bientôt après la mort du comte Schouwaloff, il perdit encore un ami sincère, un excellent homme, le lieutenant-général Ouwarof, aussi son aide-de-camp. Ne dirait-on pas que ces deux fidèles serviteurs furent envoyés en avant comme la veille d'une bataille ?

— N° L. —

REVUE AU CHAMP-DE-MARS.

—

Aux travaux du guerrier la palme se mesure.
PIRON, *le Salon*, sat.

C'EST un magnifique tableau qu'une revue de
la garde impériale au Champ-de-Mars, et par
un beau jour d'été. J'avais assisté à plusieurs
de ces représentations militaires sur la place du
Palais-d'Hiver; mais, malgré son étendue, la
neige contriste toujours ce bel ensemble; les
armes, les panaches et les uniformes se marient
beaucoup mieux avec la verdure, lorsque les
rayons d'un soleil moins horizontal leur prête un
vif éclat; l'illusion est alors complète, on dirait
une armée qui n'attend que le signal pour voler
au combat; je dis armée, et c'est le mot, car
l'Alexandre grec, allant conquérir l'Asie, avait

sous ses ordres un corps moins nombreux que celui formant la garde de l'Alexandre russe.

A sept heures, déjà le Champ-de-Mars étincelle de casques, de fusils, de lances, d'étendards, enfin de tout le brillant et terrible appareil de la guerre. L'infanterie occupe le centre, les régimens à cheval stationnent aux extrémités sur plusieurs points, et dans les rues adjacentes se déroule la nombreuse artillerie de la garde.

Les balcons des hôtels qui environnent la place offrent la réunion des premières dames de cette ville; une foule immense est placée en amphithéâtre sur des gradins élevés dans le jardin d'été le long du canal qui sépare ses ombrages du Champ-de-Mars; une grande caserne, contiguë aux maisons, et dont la façade est garnie de colonnes, présente aussi une assemblée nombreuse qui se dessine sous le fronton comme un bas-relief mouvant. Enfin, les toitures verdoyantes sont aussi couvertes de spectateurs.

A dix heures, le commandant-général de la garde, entouré de ses aides-de-camp et d'officiers de l'état-major, se présente devant les régimens. Bientôt cette masse immobile s'ébranle, et un murmure sourd comme celui des

*

vagues au premier souffle d'une brise, annonce l'approche de l'empereur. Il arrive avec toute sa grâce militaire, au petit galop de son cheval, et précédant de quelques pas ses aides-de-camp, au nombre de cinquante. Immédiatement après S. M., viennent les grands-ducs, le général en chef Wittgenstein, et quelques ministres étrangers.

L'empereur parcourt rapidement le front de tous les régimens ; son passage devant chaque corps est marqué par des *houras*.

A onze heures et demie, les impératrices, les grandes-duchesses arrivent dans un landeau découvert et attelé de six chevaux ; plusieurs autres voitures suivent, elles sont occupées par les *dames de service*. Dès que ce joli cortége paraît, Alexandre va au devant, et l'escorte jusqu'à l'endroit où les princesses verront défiler la garde. Ce moment ne fut pas le moins intéressant de la journée : une foule de guerriers, se précipitant à la rencontre des dames, et abaissant leurs épées devant elles, retraçait des souvenirs de chevalerie, et la noble courtoisie des tournois.

En Russie comme chez nous, le tems montre

quelquefois les complaisances d'un vieux courtisan ; jusqu'à onze heures, il était resté incertain ; mais dès que la famille impériale se montra, les nuages disparurent devant un soleil radieux.

Le général commandant la garde vint prendre les ordres de l'empereur ; aussitôt l'infanterie et la cavalerie firent un mouvement.

Rien de plus beau que les ondulations de ces plumets, de ces armes et de ces drapeaux jusqu'alors immobiles ; la musique était placée sur la droite de la troupe dorée, les airs frémirent des sons éclatans d'une marche guerrière ; à ce signal, la garde défile devant l'empereur. J'ai retenu les noms des régimens dans l'ordre suivant :

Infanterie.

Les régimens d'Ismailoffsky, Séméonoffsky, Préobrajensky, Pawlosky, les grenadiers du corps, les chasseurs, etc., etc.

Cavalerie.

Les chevaliers gardes, les gardes à cheval, les hussards, les dragons, les lanciers, les pionniers à cheval, l'artillerie à cheval, etc.

Il n'y a pas de prince qui ne s'honorât d'un des attelages d'artillerie de la garde : généralement tous les chevaux sont d'une grande beauté, peut-être dans aucun pays la cavalerie n'est aussi bien montée, même en Angleterre ; la plupart des chevaux sont grands sans que cet avantage nuise à leur finesse et à leur légèreté ; ils sont doux, obéissans, agiles, robustes, façonnés dès leur naissance aux intempéries et à la rudesse du climat. Ces animaux sont admirables de forme, d'adresse et de vélocité. Ce qui donne encore plus de charme à l'examen de cette cavalerie, c'est l'exécution d'une nouvelle mesure qui prescrivit une couleur et une taille uniformes pour les chevaux de chaque régiment ; on y obéit avec une sévérité d'exactitude qu'il serait fort mal aisé d'obtenir autre part qu'ici ; tous les chevaux de chaque régiment paraissent sortir du même moule. Un secrétaire de légation, beaucoup plus occupé que moi de tous les détails de cette revue, compta jusqu'à quatre-vingts pièces d'artillerie qui passèrent devant nous.

Les soldats de la garde sont presque tous d'une belle stature ; dans les premiers rangs de compagnie d'élite, ils ont de cinq pieds six pouces à six pieds. Le régiment de Pawlosky porte des bonnets qui m'ont rappelé la forme des *carrochas espagnols*. La bizarrerie de cette coiffure est sauvée par les traces des balles ennemies; les soldats aiment à conserver ces trophées, et les chefs respectent cette sublime infraction à la régularité du costume.

La garde défile deux fois devant l'empereur, la première en colonnes et la seconde en masse. La variété des uniformes, la belle tenue des troupes, la précision des manœuvres, les splendeurs d'un beau jour, l'innombrable foule des spectateurs, la grandeur du théâtre des évolutions, tout conspirait en faveur de cette revue, qui finit à trois heures. J'ai remarqué que le grand-duc Nicolas, au départ de chaque régiment, lui adressait quelques mots auxquels le premier rang s'empressait de répondre, il dit : « Merci, mes garçons. » Et on lui répond : « Nous sommes charmés de vous satisfaire. »

Aux jours de revue, on donne à chaque soldat une livre de viande, un grand verre d'eau-de-vie et un rouble de gratification; les corps non casernés en ville, mais cantonnés dans les environs, reçoivent quelque chose de plus.

Les riches habitans des maisons situées autour du Champ-de-Mars, invitent toutes leurs connaissances pour les faire jouir de ce beau spectacle ; mais au plaisir des yeux se joint celui d'être traité splendidement. M. le *comte Ensielden*, ministre de Saxe près la cour de Russie, m'avait fait l'honneur de m'inviter ; ses appartemens sont vastes ; les nombreux balcons étaient ombragés d'une draperie pour garantir du soleil : nous étions là plus de deux cents personnes, et il y avait place pour tout le monde. Pendant les deux heures d'attente, on distribua du chocolat avec des limonades, orgeats et des assiettes de pâtisseries ; durant toute la revue, des plateaux couverts de bonbons et rafraîchissemens de toute espèce circulèrent avec profusion.

A quatre heures, une centaine de dames étaient assises à la même table avec quelques vieux sénateurs ou généraux désignés par le ministre ; plusieurs autres tables dressées dans les salles voisines, évitaient aux hommes la peine d'aller marauder pour obtenir une aile de perdreau mangée à la hâte et debout, comme cela se pratique dans nos fêtes parisiennes, où le nombre des convives n'est presque jamais en rapport

avec les étroites dimensions des appartemens. Il
y avait abondance et délicatesse dans les mets,
le service d'argenterie, sorti des ateliers de
M. Odiot, est un des plus beaux qu'on puisse
voir. La qualité des vins et leur variété répon-
daient à la recherche de tout le reste; ces vins sor-
taient d'une cave respectable où sont accumulées
trente mille bouteilles, et où tous les plus célèbres vignobles de l'univers sont dignement et
fidèlement représentés. M. le comte Ensielden
faisait les honneurs avec cette grâce, cette simplicité de bon goût et ce charme de réparties
qui caractérisent à la fois l'homme d'esprit et le
vrai grand seigneur. Aussi, faut-il bien en
convenir, en quittant cet hôtel du ministre de
Saxe, nous étions tous ministériels, et fort dis-
posés à l'accabler de boules blanches si le cas y
eût échu.

La veille des revues, il est d'usage d'arroser
le Champ-de-Mars; le hasard me le fit traver-
ser au moment même où l'on faisait la manœu-
vre de l'arrosement. Tout à coup il tombe une
pluie abondante, je crus que ces bonnes gens
allaient discontinuer leur travail; pas du tout,
ils arrosaient conjointement avec les nuages, et

comme la pluie ne cessait point, je quittai mon observatoire : j'ignore s'ils eurent le sang-froid d'attendre un contre ordre. En vérité, l'héroïsme se fourre partout ; je ne trouve point d'autre mot pour définir cette scrupuleuse soumission à l'ordonnance.

Encore une preuve du respect de la consigne. On attendait la femme d'un ministre étranger ; on avait chargé un employé des barrières de guetter le passage de cette dame pour venir aussitôt en donner avis. L'employé voit s'approcher une voiture de poste dans laquelle se trouvait un général ; il va à la portière et lui dit : « Monsieur, ne seriez-vous pas madame la comtesse de Bray ? »

— N° LI. —

UN BAL PARÉ.

—

.... *Voluptates commendat rarior usus.*
Juvénal, sat. XI.

Le plaisir n'est plaisir qu'autant qu'on en jouit rarement.

Je ne connais point de rôle plus difficile à jouer maintenant que celui d'une maîtresse de maison qui réunit souvent du monde ; c'est une immense responsabilité. Comment occuper durant quatre heures des gens désœuvrés, qui tout le jour s'évertuent pour chercher le plaisir, et qui deviennent plus exigeans le soir quand leurs recherches furent infructueuses. Trente personnes sont invitées, on a pris l'engagement de les divertir, faut-il bien qu'elles s'amusent. Depuis deux jours on tient conseil. « Ma sœur, que

ferons-nous donc jeudi pour tout ce monde-là?
— Ma foi, ma sœur, je n'en sais rien. — Allons, mon ami, dites donc quelque chose, faites
des frais *d'imaginative*. — Moi, madame, reprend
le mari, en vérité cela ne me regarde point; je
m'engage à recevoir très-bien les jolies femmes,
à traiter poliment les autres, c'est tout ce que
je puis vous promettre. — Mon Dieu, quel embarras! quelle corvée! nous réunirons bien plusieurs siècles autour des tables de jeu; mais
ceux qui ne jouent point, mais la jeunesse, qu'en
ferons-nous? Les romances et les charades sont
usées, les proverbes donnent trop de peine, il
ne faut plus penser aux jeux innocens, on sait
Rossini par cœur, et ce soir, la comtesse
Sophie donne un bal; on sera fatigué, le violon
n'est plus une ressource, que faire donc? que
pourrions-nous inventer? — Ma sœur, quelle
bonne fortune s'il y avait moyen d'offrir les débuts d'un joueur de gobelet, d'un singe savant, d'une fantasmagorie, ou bien une flûte,
une harpe inconnue à votre société! — J'y ai
songé, mais... — Ah! quant à cela, mesdames,
n'y comptez point; depuis un mois la pénurie est
complète. — Alors, la jeune comtesse regarde

tristement sa sœur, et finit par lui demander
quelle robe elle doit mettre pour le bal du soir. »

Eh bien! partout les maîtres de maison éprouvent le même embarras, à *Vienne*, comme à
Berlin, à *Stockholm*, comme à *Florence*; *Paris*
même a ses mauvais jours. N'ai-je pas entendu
dire souvent : « Qu'a-t-on fait chez la marquise
de B.....! — Ah! mon Dieu, rien du tout. Le
cercle était languissant, le concert n'eut point
lieu, nous nous regardions, nous échangions
quelques complimens; à minuit tout le monde
s'est retiré. — Et demain, chez le prince, que
donne-t-on? — Ma foi je l'ignore; mais si nous
ne sommes là que pour prendre des glaces et
pour causer, la soirée sera assommante : il faut
tout prévoir, je n'y arriverai pas de bonne heure
afin de m'ennuyer plus tard. »

Ne voilà-t-il pas un dialogue bien flatteur
pour ceux qui se dévouent à l'amusement de la
société. Soyons de bonne foi, aujourd'hui il faut
répandre des flots d'or pour donner une soirée
remarquable, nos imaginations inquiètes et avides de mouvement changent en corvée ce qui
jadis était un plaisir.

Pense-t-on que mesdames de La Fayette,

de Sévigné, de Coulange, de Tessé, de Cay-
lus, etc., etc., s'intriguassent beaucoup pour
occuper leur cercle? Dans les milliers de Lettres et Mémoires que notre petit siècle tient du
grand, trouve-t-on la plus légère inquiétude
sur les destinées d'une soirée?... Le charme des
réunions existait dans la douceur de se voir, de
se convenir et de s'entendre; on s'amusait
souvent, parce qu'on n'avait pas l'ambition de
toujours s'amuser. Les grandeurs et les petitesses
de la cour, la folie des uns et la sagesse des autres, des discussions animées sur les ouvrages
des premiers écrivains, des pensées pieuses mê-
lées à quelques discours frivoles, tels étaient
les délassemens de ces illustres coins du feu,
dont les seuls souvenirs nous égaient davantage que tous nos divertissemens modernes.
Les esprits dirigés vers de grandes choses par
une saine philosophie, n'étaient blasés ni sur le
bien, ni sur le mal; enfin il existait une fraîcheur
de sensation, une jeunesse d'ame qui donnait
du prix aux moindres choses. On ne se croyait
pas obligé, pour tuer quelques heures, d'appeler à son secours Lulli, Lambert et tous les artistes à la mode; on préférait jouir de leurs ta-

lens à l'Opéra et dans les concerts. Le déplace-
ment continuel des jouissances n'était point une
fureur ; on ne les faisait pas venir, on allait les
chercher ; notre raffinement est de les multi-
plier, celui de nos aïeux était de les rendre rares
pour qu'elles fussent plus vives et plus réelles.
Nous sommes un peu honteux de ne plus nous
attacher aux plaisirs de l'esprit. Nous cherchons
à voiler cette indifférence et le vide qu'elle nous
laisse, en nous jetant dans des joies fausses et
tumultueuses ; la danse est devenue l'auxiliaire
indispensable ; hors des bals, point de salut
pour les pauvres maîtres de maison : peut-être
en donne-t-on plus à Paris dans une seule
saison, que dans dix années sous le règne de
Louis XIV.

Pétersbourg suit cette mode et l'exagère : on
y danse tout l'hiver, et surtout depuis Noël
jusqu'au dimanche gras. Cette manie se complique avec celle de se réunir fort tard ; les
dernières voitures n'arrivent guère qu'à minuit,
c'est alors seulement que le bal s'anime ; on
va en avant, en arrière, on saute la mazour-
que, charmante danse nationale, on valse,
et l'on subit le *cotillon* jusqu'à satiété : c'est

je crois, ce qu'on appelle en France *le grand père*. Trois heures sonnent, on soupe ; puis encore quelques tours de valse, puis on rentre au logis, abîmé de fatigue, la tête lourde et l'esprit absent ; le lendemain on recommence, et ainsi de suite pendant quatre-vingts jours. « *Est-ce possible !* » comme disait souvent un ministre américain.

Cette existence toute de *jetés-battus* est si fatigante, que j'ai vu des jeunes personnes se rendre au bal comme les écoliers vont en classe. Ne me demandez pas ce que deviennent alors la santé, la fraîcheur et le bon sens des femmes, il n'en est plus question ; ce qui me confond, c'est que les mères, presque toutes idolâtres de leurs filles, ne reculent pas d'effroi devant cet enchaînement de veilles si funeste aux jolis visages ; chacune d'elles suit le torrent avec une docilité très-peu respectable : la robuste fraîcheur des Suissesses et des Grisonnes ne tiendrait pas contre tant de nuits désastreuses. L'hiver de 1821 fut mémorable, jamais on n'abusa plus complètement de la complaisance des mères, des tantes, des maris, des vieux sénateurs et généraux, enfin de tout ce qui constitue la ta-

pisserie d'un bal. La jeunesse dormait tout le
jour, pour avoir la force de sauter toute la nuit;
mais, il faut être juste, jamais les femmes ne
furent plus pâles, ni plus abattues, c'étaient des
visages de carême en plein carnaval. Certes on
ne faisait point alors une grande consommation
de raison ni d'esprit; toutes les facultés étaient
tombées dans les jambes; la société s'était trans-
formée en automates dansans, et en automates
regardans; si un oukase eût prolongé quinze
jours nos délices, nous serions tous morts au
son des violons.

A peu de chose près, ces réunions se com-
posent des mêmes personnages. Le prince Boris
disait un joar à la princesse Kourakin, sa mère,
l'une des plus aimables femmes de Russie, et
des plus bienveillantes envers les étrangers :
« Vous me parlez d'un bal pour lundi chez la
comtesse, mardi chez le prince, mercredi chez
le duc ; c'est un torrent de plaisirs. J'assisterai
au premier, et je tiendrai pour vus tous les
autres. — Pourquoi donc ? — Parce qu'en réalité
nous n'en avons qu'un; il change de salon,
mais il a beau voyager, c'est toujours le même ;
et cela m'ennuie mortellement. A Paris, j'irai

dans douze soirées dansantes sans trouver mêmes pieds ni mêmes visages ; ce changement d'acteurs m'amuse, il me fait prendre en patience l'ennui que causent les violons ; ici, la monotonie me tue ; je suis charmé de savoir qu'on s'amuse, mais je suis encore plus heureux de ne pas m'amuser. »

Généralement les bals russes offrent un caractère d'élégance et de grandeur que n'ont point les nôtres. L'exiguité de nos salons contraste désagréablement avec la foule des invités ; la chaleur et la confusion étouffent le plaisir ; dès qu'on quitte l'aimable simplicité des réunions intimes, pour qu'une fête soit de bon goût, il faut que rien n'y manque et que la magnificence s'y trouve : c'est ce qui existe à Pétersbourg ; dans la plupart des maisons, quatre à cinq cents personnes peuvent circuler librement, les pièces sont vastes, décorées avec splendeur, les danseurs ont le champ libre ; tout est espacé, tout porte l'empreinte d'une noble somptuosité.

Enfin rien de plus magnifique qu'un bal paré à Pétersbourg, la variété des uniformes, celle des ordres, la plupart en diamans, les femmes revêtues de robes sortant de l'aiguille et cou-

vertes de pierreries étincelantes, la profusion
des fleurs, l'innombrable quantité de bougies,
les sons d'une musique parfaite, le luxe oriental
des rafraîchissemens, l'aimable désordre des
danses du Nord succédant à la grâce symé-
trique de nos contredanses qu'on appelle *qua-
drilles*, enfin la somptuosité du souper servi
dans une longue galerie où toutes les femmes
peuvent prendre place, tel est le magique coup-
d'œil qui charme le voyageur.

Je voudrais jouir de la surprise d'un de nos
élégans, transporté subitement dans l'une de
ces brillantes assemblées; peut-être au premier
élan d'admiration s'écrierait-il : « Ma parole
d'honneur, c'est mieux qu'à Paris. » Revenu de
son étourdissement, sans doute l'amour-propre
français reprendrait ses droits; nous verrions
notre fat s'armer de sa lorgnette, et nous l'en-
tendrions dire tout bas : « Mais, doucement,
j'aperçois des nuances, voilà des poses moins
gracieuses, des physionomies moins gaies, moins
expressives, des tournures moins dégagées,
moins naturelles; enfin je ne retrouve point *ce je
ne sais quoi*, cachet distinctif de nos Françaises;
n'importe, j'ai vu toutes les capitales de l'Eu-

rope, et malgré les huit cents lieux qui me séparent de la nôtre, je ne me suis jamais cru si près de mon cher Paris. »

Les Asiatiques s'émerveillent moins facilement que nous. Un seigneur persan assistait dernièrement à l'une de ces fêtes ; on le croyait ravi, mais lorsqu'on lui demanda comment il la trouvait : « Beaucoup trop bruyante, répondit-il ; je m'étonne que les seigneurs russes, ayant autant d'esclaves, se donnent la fatigue de danser eux-mêmes. »

— N° LII. —

FÊTE UNIQUE.

La magnificence suppose la liberté, car le magnifique doit dépenser de bonne grâce et avec profusion.
LA BRUYÈRE.

Tout récemment, je parcourais les rues de
cette ville, avec l'unique projet de respirer
l'air vif du nord ; pas un devoir, pas une bienséance ne me préoccupait, pas un chagrin ne
traversait mon ame, pas une émotion vive ne
l'agitait ; placée à une égale distance du plaisir
et de la douleur, elle se trouvait dans ce *mezzo
termine*, qu'on peut appeler le calme plat ; le
corps était en harmonie avec cet assoupisse-
ment des facultés morales ; mes jambes allaient
au hasard ; à leur mouvement inégal et lent, on
pouvait deviner que *le vouloir* n'était pour rien

dans leur direction : elles avaient de l'irrésolution comme mon esprit. Je ne prenais pas même la fatigue des remarques; l'observateur était en vacance. Les figures grotesques, les démarches fières, les airs de fatuité, les vanités de cravates, d'habits, de beauté, enfin les prétentions à pied et à cheval pouvaient passer impunément devant moi; je regardais sans voir, sans éprouver ce rire intérieur d'autant plus divertissant qu'il ne blesse personne. Tel est au juste le diapason où je me voyais descendu : cet état négatif n'est point le délicieux de la vie, mais il a son charme, et détend les ressorts intellectuels ; c'est un congé pour les facultés pensantes, elles deviennent plus actives après le repos.

Au bout d'une heure, je me trouvai dans la Perspective, rendez-vous de tous les merveilleux du 60e degré; là mes idées reprirent subitement leur cours, ce réveil me fut agréable : mes regards plongeaient jusqu'au fond des voitures; j'y reconnaissais avec étonnement des figures qui, d'ordinaire immobiles et blasées, semblaient ranimées par un vif intérêt. Les cochers pressaient leurs coursiers, et le cri du petit postillon était encore plus aigre que de coutume.

Sur les trottoirs, même agitation; on ne se promenait pas, on courait, on se cherchait, on se questionnait, on se répondait, le tout avec une inconcevable rapidité. Enfin mon étonnement redoubla lorsque je vis le prince Théodore, malgré son embonpoint, faire un tems de galop, pour rejoindre un ami qui marchait très-vite.

Je finis par être indigné de rester ignorant et froid, au milieu de cette foule passionnée; je désirais connaître la cause de ce mouvement général pour m'animer avec tout le monde.

Je recueillais bien, par-ci par-là, des lambeaux de conversation, mais ils m'intriguaient sans rien m'apprendre. L'un disait : « Je suis Mentor. —Et moi Éphestion, répondait l'autre. — Moi médecin. — Et moi Espagnol. — Bon jour, Hector.—Bon soir, Antiochus, s'écriaient deux officiers. Que sera ta femme? — Sybille. Et la tienne? — Reine d'Espagne, pas davantage! »

Enfin je rencontre Fédor, justement appelé *le télégraphe septentrional.* A ma première question il me regarde d'un air surpris, et me demande d'où je sors. « Mais de chez moi, répondis-je ; j'étais malade, et depuis dix jours je n'ai reçu personne. — Alors je m'explique comment vous ne savez pas le secret de la comédie ; tant mieux, j'aurai le plaisir de vous l'apprendre ; vous êtes le seul qui puissiez me donner cette jouissance. »

Aussitôt M. *sait tout* me déroula un programme de fête que la cour dédie à Mme la grande duchesse héréditaire de Weimar, princesse aussi remarquable par ses grâces que par son amour des lettres et des arts.

Cette fête offrira un caractère de grandeur et un éclat que présentent toutes celles données extraordinairement par la cour de Russie ; nulle part on n'entend mieux l'art d'un royal plaisir ; celui-ci tiendra de la féerie, il empruntera son premier charme des plus beaux tableaux de l'Hermitage ; ils seront rendus vivans par les personnages les plus gracieux de la cour et de la ville. Ce divertissement sera embelli par des romances et charades mises en action.

On conçoit avec quel zèle on s'occupe des préparatifs ; il y a lutte entre les acteurs et le peintre. Pour bien des gens, ce n'est pas une

petite chose que de devenir un chef-d'œuvre.
On interroge les traditions, les médailles, l'histoire, les artistes, les comédiens, les costu-
miers; on fouille dans la nuit des tems, personne ne veut se priver de l'agrafe, des plumes
ou de la lance portée par le héros qu'il va res-
susciter; les femmes surtout visent à la plus
rigoureuse fidélité. La comtesse Sophie sera
Romaine, sa nièce Grecque, sa belle-sœur
Troyenne, et sa tante Égyptienne. Jamais la
sévère histoire n'absorba aussi profondément les
esprits tant soit peu superficiels de cette capitale; les romans sont tombés dans le discrédit.

Rien ne vivifie mieux une société languis-
sante que les préparatifs d'un plaisir, souvent
ils sont plus piquans que le plaisir même. Ce
moment est le triomphe des désœuvrés dont la
vie n'a d'autre but que l'amusement; ce sont
eux qui montrent le plus de verve; leur imagination indolente prend alors le mords aux
dents; cette chaleur se prolonge jusqu'au grand
jour, mais n'allez pas les voir le lendemain.

Mᵐᵉ Xavier est la marchande de modes à
la mode; ses actions éprouvent une hausse
subite; toutes les femmes recourent à ses talens,

à son adresse et à son instruction. Mme Xavier
joua autrefois la tragédie avec succès ; mais,
plus philosophe qu'ambitieuse, les grandeurs la
fatiguèrent bientôt : elle abdiqua vingt diadèmes pour régner plus positivement dans un
beau magasin.

Qui pourrait mieux qu'elle s'élever à la hauteur des sujets héroïques ? Douée d'une prompte
conception, spirituelle et lettrée, elle saura
aplanir toutes les difficultés, résoudre toutes
les questions et signaler toutes les convenances.
Les costumes qui sortiront de ses mains n'offri-
ront pas un pli qui ne soit antique, classique,
romantique ou anacréontique suivant l'esprit
du rôle. Cependant l'affluence des amateurs
nuirait à l'immensité de ses travaux, tous ses
momens sont précieux ; dans l'intérêt général,
elle est forcée d'adopter des formes ministé-
rielles, d'indiquer les heures d'audience. J'ai
vu des billets ainsi conçus : « Mme Xavier aura
l'honneur de recevoir Mme la princesse Nathalie
jeudi prochain, à midi et demi. » Ainsi voilà
une puissance devant laquelle toutes les puissances s'humanisent.

Le pavé brûle sous les roues des nombreuses

voitures qui se rendent au temple du goût; la prêtresse tient dans ses mains les destinées de deux cents amours-propres en éveil. Jusqu'au lendemain de la fête unique, Mme Xaxier connaîtra toutes les illusions de la grandeur; elle pourrait tâter du despotisme sans qu'aucune Romaine eût le courage de lui résister.

L'attente n'a pas été déçue, la fête a répondu à ces préparatifs; elle a été brillante, ingénieuse, magnifique. La tragédie, la romance en action, les chants lyriques et anacréontiques, toutes les écoles de peinture, l'histoire et la mythologie furent convoquées le 17 février * (style russe), au palais d'hiver, pour concourir au charme de cette soirée vraiment unique dans les fastes joyeux de Pétersbourg.

La Salle blanche se distingue par sa grandeur et la beauté de ses proportions; un théâtre y était dressé pour donner tout le prestige désirable aux romances en action.

A huit heures, la famille impériale, suivie de toute la cour, fit son entrée dans le salon qui précède cette belle salle. Le premier tableau

* En 1822.

qu'on rencontre est celui des Couseuses de
Guide ; neuf personnes représentent ce groupe;
la fidélité des costumes, l'imitation des poses,
la grâce des physionomies, tout est parfait, et
le peintre est vaincu.

En entrant dans la Salle blanche, on voit un
jeune enfant qui se désole à la porte d'Anacréon; la soirée est sombre et pluvieuse, il a
froid, il est souffreteux : comment lui refuser
un asile, une place au coin du feu! Le poète
de *Téos* cède à la pitié; mais bientôt son hôte
perfide quitte l'attitude suppliante, un arc brille
dans ses mains enfantines, il dirige sa flèche
contre le sein du vieillard. C'en est fait, Anacréon aimera toujours, il mourra en aimant
encore. Après ce trait abominable, ouvrez votre
porte le soir à des inconnus!

La Sibylle du Guerchin, celle du Dominiquin, et le buste d'un guerrier par Rembrant,
excitent vivement l'attention. La beauté remarquable des deux dames sert à l'illusion.

Plus loin, on admire les vertus antiques de
Rome, devant la mère des Gracques. L'on sait
avec quel dédain elle regarde les bijoux qu'une
Romaine un peu légère étale sous ses yeux :

« Voilà, dit Cornélie, en montrant ses enfans, mes bijoux les plus précieux. » La princesse Lubomirska représentait Cornélie. On distinguait dans ce groupe Mlle Sophie Karamzin *, fille de l'historien, et digne de porter ce nom, par les charmes de son esprit et l'élévation de son caractère. On y voyait aussi la princesse Aline Volkonsky, charmante personne dont le monde sait apprécier l'instruction et les talens, bien qu'ils soient voilés par la plus aimable modestie.

Ici la belle Mlle Vlodeck **, et l'aimable figure de Mlle Gorgoly ***, offrent une copie fidèle de Philadelphie et d'Élisabeth, fille de lord Wharton (par Antoine Wandych). Les voyageurs qui accusent Pétersbourg de manquer de beautés, trouveraient plusieurs démentis dans cette assemblée. Les jeunes officiers qui sortiront du palais *sans blessures* ne doivent s'en prendre qu'à eux et à la belle froideur qui caractérise nos Céladons contemporains.

* Aujourd'hui comtesse Kamaroffsky.
** Aujourd'hui comtesse Zavadoffsky.
*** Aujourd'hui comtesse Wittgenstein.

L'Hermitage ne fut pas la seule mine où l'on puisa les sujets; l'imagination d'un artiste français, portant un nom cher aux beaux-arts, M. Lagrénée, s'exerça avec un grand succès dans l'une des scènes les plus intéressantes de *Télémaque*.

Calypso, entourée de ses nymphes, vient de surprendre le secret des amours du fils d'Ulysse. Eucharis, aux pieds de la déesse, implore son pardon sans se croire coupable. Télémaque est consterné, Mentor se réjouit des peines de son élève, et les nymphes semblent envier le malheur d'Eucharis. On s'arrête long-tems devant ce tableau composé de treize figures : il semble qu'on attende le pardon de Calypso; mais la jalousie est implacable. Sauf à dénaturer la fable, j'aurais fait de la déesse une bonne femme, unissant Télémaque à sa demoiselle d'honneur; le mécontentement de Mentor aurait donné une couleur très-pittoresque au tableau.

Là, sont trois portraits en buste, celui d'un guerrier en habit polonais, celui de Vander-Wouwer, par Antoine Wandyck, une femme et un enfant en habit russe : ces tableaux sont muets, la richesse des costumes et une par-

faite immobilité de physionomie, c'est à quoi
se réduit le jeu des acteurs. Je m'étonne toujours qu'un éclat de rire ne dérange point
l'économie de quelques tableaux. Je ne réponds
pas qu'en France on eût obtenu ce succès.

Voulez-vous une scène plus animée, revenez
avec la cour dans la Salle blanche; les décora-
tions du théâtre représentent les bords fleuris
de la Garonne. On voit un antique château ; la
fenêtre d'une tour s'est ouverte, la voix fraîche
et gracieuse de Mlle Aline Swistounoff * se fait
entendre, elle redit les plaintes amoureuses
d'Isaure; elle tient un bouquet, bouquet poé-
tique que les jeux floraux immortaliseront.
Lautrec reçoit ce gage précieux. Le vieux Alphonse, qui ne comprend plus l'amour, impose à sa fille un autre époux; mais trois soldats
se précipitent sur le père d'Isaure ; il va succomber, et, nouvel Horace, Lautrec triomphe
des trois guerriers.

Mon lecteur croit peut-être que le chevalier
languedocien trouve la mort au sein de la victoire ;
ce dénouement eût été beaucoup trop triste pour

---

* Aujourd'hui baronne de Malvirade.

une soirée joyeuse où les cœurs repoussaient
l'idée d'un malheur, même imaginaire. Cette
fois on fit violence à l'histoire : Lautrec sortit
un peu froissé, mais sain et sauf, de ce combat
inégal ; il a sauvé la vie d'Alphonse, il sera
l'époux de Clémence, et nous n'aurons pas une
amarante de moins dans les jeux floraux. Le
poète *franco-russe* a tout arrangé pour le mieux,
n'en déplaise à Florian.

Après la chute de la toile, on passe dans une
autre pièce pour laisser le champ libre à de
nouveaux préparatifs; l'entre-acte est rempli par
un bal masqué sans masque, mais en costume :
la danse délasse de l'admiration. Tous les personnages des tableaux explorés renoncent à leur
immobilité sans renoncer à leur riche parure.

Après une heure de ce repos animé, on
rentre dans la Salle blanche : on y trouve la
famille de Darius, tableau fort imposant par
la magnificence des costumes et de la tente ;
quatre officiers de la cour et douze dames ou
demoiselles y figurent.

Mais le théâtre nous offre la cour de Séleucus.
La jeune comtesse Koutaizoff remplit le rôle de
Stratonice ; la ballade est accompagnée de chants

et de chœurs ; plus de vingt personnes occupent la scène.

J'omets plusieurs portraits, mais je ne puis passer sous silence la Leçon de lecture, par Rembrant : les yeux espagnols et la figure piquante de la jeune Dolores Kloussowitch donnent un charme réel à ce tableau.

Ailleurs, c'est Hector reprochant à Pâris sa lâcheté ; ici, la Conversation espagnole, par Carle Vanloo ; et là, Pénélope entourée de ses femmes, autre composition de M. Lagrénée.

Le rideau se lève, il découvre la copie fidèle de la Réjouissance flamande, de Teniers, représentée par les acteurs des théâtres impériaux. Rien n'est oublié, ni l'église un peu reculée à gauche de la scène, ni les deux fermes en regard, ni le grand ormeau protégeant de ses ombres la danse et les festins, ni enfin le ménétrier monté sur une barrique. Tous ces groupes sont immobiles ; jusque là, la peinture n'est point surpassée. Mais, au signal de l'archet, le tableau s'anime, la vie est donnée à cette foule villageoise, tout se met en mouvement : les rondes se forment, les airs champêtres se font entendre, les convives se précipitent sur les mets, le vin circule et la joie avec lui. Tout à coup l'orchestre se tait, le mouvement cesse avec lui ; chaque personnage reste pétrifié, chaque groupe se trouve dans le même ordre : ce n'est plus que le tableau de Teniers. Ce charmant divertissement, dont l'idée est aussi piquante qu'originale, fut exécuté sous la direction de M. Didelot, maître des ballets.

Il y a loin d'un village flamand aux portes de l'ancien paradis persan ; tel est cependant le voyage que fait l'assemblée ; l'unité de lieu devait être bannie d'une fête rendue plus piquante par le charme des contrastes.

Les spectateurs sont placés sur le domaine de la charade en action ; les voilà aux portes du bienheureux séjour, on entend un chœur de génies. La jeune Péry s'avance, elle est escortée des malheureux et des orphelins qu'elle arracha aux misères de la vie. D'après les traditions persanes, l'hommage le plus agréable aux puissances célestes est une larme de repentir ou de reconnaissance ; c'est cette larme précieuse qui ouvre les portes du ciel aux malheureux qui entourent la Péry. Voilà mon premier.

Apollon paraît sur son char entouré des Heures ; le dieu a pour escorte les poètes de la Grèce antique ; le Parnasse russe marche modestement à leur suite : il se compose d'une figure allégorique de la Satire, tenant un rouleau sur lequel on lit le nom du prince Cautemir.

Un guerrier russe représente le mâle génie de Lomonossoff ; il chante une strophe de la troisième ode de ce poète illustre. On voit s'avancer après lui Sémire, personnage d'une tragédie de Soumarokoff, le premier des tragiques russes.

Un autre guerrier russe conduit la reine de Kasan, héroïne de la Rossiade, poëme épique de Kéraskoff.

Un autre personnage, sous l'emblême de la muse comique, présente à l'assemblée les titres des pièces de Von Wisin.

Une nymphe chante l'hymne à la Candeur, de Derjavin.

Achille et Enée viennent rappeler les traductions de l'*Iliade* et de *l'Enéide*, par Kostroff et Pétroff.

Psyché et l'Amour rendent hommage au charmant poëme de Bogdanovitch, dont ils ont tant à se louer.

Un personnage, représentant l'Apologue, salue avec reconnaissance la mémoire du fabuliste Khemnitzer.

Dmitri Douskoï et Xénie récitent la deuxième scène du deuxième acte de la tragédie de *Dmitri*, par Oséroff *.

Viennent ensuite Pojarsky et Minine, ces deux héroïques libérateurs de la Russie, et principaux personnages d'une tragédie de Krakoffsky; puis les poètes du grand duché de Weimar, Wieland, Haerden, Schiller et Goëthe; pensée gracieuse pour la princesse à laquelle on dédiait la fête. Voilà mon second. Et, pour mon tout, l'Architecture s'avance; son cortége se compose des Muses, des Arts, des Génies. Elle fait un signe, et l'on voit paraître le *pérystile* de la maison romaine *du parc de Weymar*. Ainsi, sauf une légère faute d'orthographe très-tolérée dans les charades, le mot est *pérystile*.

A minuit, on se rendit dans la salle du souper; tous les acteurs avaient conservé leurs costumes, ce qui faisait la plus jolie et la plus

* L'*Anthologie russe* renferme une notice biographique des auteurs ci-dessus dénommés, et des notions étendues sur la plupart de leurs ouvrages.

riche mascarade du monde. Cette petite coquet-
terie était bien pardonnable, surtout pour ceux
qui , n'ayant attiré que pendant quelques minutes l'attention de la galerie, aimaient à se
venger de leur immobilité en promenant dans
les salons leurs grâces anacréontiques ou leur
gravité historique.

M. Narischkin prétend que ce soir-là il n'a
vécu que d'anachronismes ; au banquet, il avait
à sa droite la mère de Darius, et à sa gauche
la fille de Cromwell.

En effet, Andromaque et la femme d'un
bourgmestre flamand, Pénélope et Clémence
Isaure, Hector et Lautrec, Télémaque et une
Couseuse italienne, pouvaient s'étonner de souper ensemble : rien n'était plus piquant que cette
confusion de costumes, de personnages et de tems.

Il m'a été impossible de détailler toutes les
particularités de cette fête si ingénieuse, et
d'énumérer tous les personnages qui sont venus
y figurer. Mais, comme plusieurs d'entre eux
sont fort connus à Paris , je vais transcrire ici
le programme de cette fête vraiment unique. Il
ne peut qu'ajouter à l'intérêt de l'esquisse que
j'ai tracée.

PREMIÈRE PARTIE.

Dans la Salle qui précède la Salle blanche.

PREMIER TABLEAU.

Les Couseuses de Guido-Reni. (Tiré du cabinet de S. M. l'impératrice-mère.)

Personnages :

Mesdemoiselles de Bésobrazoff, de Povalischin, la baronne de Strogonoff, de Novosiltzoff, la comtesse Olga Potocka, la princesse Sapieha, de Paschkoff, Madame la princesse Labanoff, née princesse Lapoukin, mademoiselle la princesse Souvaroff.

Dans la Salle blanche.

PREMIÈRE ROMANCE (sur le théâtre). — *Anacréon*, ode Lomonossoff, en russe.

Personnages :

Anacréon, le comte Sollohoub.

L'Amour, le prince Alexandre Golitzin.

PREMIER PORTRAIT (de l'Hermitage).

La Sybille du Guerchin. — Madame de Tatischeff.

DEUXIÈME PORTRAIT (de l'Hermitage).

Buste d'un guerrier, par Rembrandt. — Le comte de Vorontzoff-Daschkoff.

TROISIÈME PORTRAIT (de l'Hermitage).

La Sybille du Dominiquin. — Madame la princesse A. Gagarin.

DEUXIÈME TABLEAU.

Cornélie, mère des Gracques, gravure de Delaunay, tirée d'un recueil de figures de l'histoire romaine.

Personnages :

Madame la princesse Lubomirska, née comtesse de Tolstoy, M. de Kartzoff, page, mesdemoiselles Dolores de Kloussovitsch, de Karamzin, la princesse A. Volkonsky.

TROISIÈME TABLEAU.

Portrait en pied de Philadelphie et d'Elisabeth, filles du lord Philippe Wharton, par Antoine Vandyck (de l'Hermitage).

Personnages :

Mesdemoiselles de Vlodeck et de Gorgoly.

QUATRIÈME TABLEAU.

Calypso découvrant l'amour de la nymphe Eucharis pour Télémaque, composé par M. Lagrénée.

Personnages :

La princesse Soltikoff, née princesse Dolgorouky, la princesse Barbe Dolgorouky, la princesse Catherine Dolgorouky, mademoiselle de Bakounin, M. de Mordvinoff, le prince Basile Golitzin, mademoiselle Nadiejda Hitroff, les comtesses Elisabeth Strogonoff et Catherine Tolstoy, mesdemoiselles Nathalie Hitroff et Ouchakoff, la princesse Viasemsky.

QUATRIÈMME PORTRAIT (de l'Hermitage).

Portrait de Vander Wouwer, par Antoine Vandyck. — M. de Krivtzoff.

CINQUIÈME PORTRAIT.

Une femme et un enfant, costume national, composé par M. Lagrénée. — Madame de Samarin et le prince David Golitzin.

SIXIÈME PORTRAIT (de l'Hermitage).

Portrait d'un guerrier en costume polonais. — M. Lassounsky.

DEUXIÈME ROMANCE (sur le théâtre).

Clémence Isaure de Florian, paroles mises en musique par M. de Pleschéieff.

Personnages :

Clémence, mademoiselle Alexandrine de Svistounoff.
Alphonse, le comte Sollohoub.
Lautrec, M. de Vadkovsky.
Le prétendu, M. de Stronkoff.
Soldats, MM. de Pantchouliseff, de Kocheloff, de Mitoussoff.

SECONDE PARTIE.

CINQUIÈME TABLEAU.

Salle qui précède la Salle blanche.

La Famille de Darius, par Pierre Mignard.

Personnages :

Le baron Alexis Strogonoff, le prince André Gagarin, la princesse Lubomirska, née comtesse Tolstoy, la comtesse Olga Potocka, la princesse Labanoff, née princesse Lapoukin, la comtesse Kreptovitch, le prince

David Golitzin, la princesse Souvoroff, madame de Novosiltzoff, mesdemoiselles de Bézobrazoff, de Povalischin, madame de Samarin, les princesses E. Volkonsky et Oboliansky, les princes Hilkoff et Troubetsboy, pages.

Stratonice, ballade (sur le théâtre).

Personnages :

Stratonice, la comtesse Koutaisoff.

Le roi Séleucus, M. le chambellan d'Ouvaroff.

Antiochus, M. Vatkovsky.

Sœurs de Stratonice, mesdames K. C. Ouvaroff et Obreskoff, née Lunim.

Prêtresses et suivantes de Stratonice, mesdemoiselles Lanskoy, Svistounoff, la princesse Kovansky, B. Ouschakoff, M. Ouschakoff, Kossikowsky, Doubiansky.

Médecin de Stratonice, le comte Sollohoub.

Premier sacrificateur, M. Pleschéieff.

Seigneurs de Babylone et guerriers, MM. Pantchouliseff, Koscheloff, Mitoussoff, Stroukoff.

Prêtresses et personnages muets, MM. les pages.

SEPTIÈME PORTRAIT (de l'Hermitage).

Portrait d'un prince de la maison d'Orange, par Vandick. — Le prince Alexandre Golitzin.

HUITIÈME PORTRAIT (de l'Hermitage).

La Leçon de lecture, par Rembrandt. — La comtesse Ojaroffska et mademoiselle Dolores de Kloussowitch.

NEUVIÈME PORTRAIT (de l'Hermitage).

Portrait d'un enfant en costume oriental, par Rembrandt. — Le prince Serge Golitzin.

SIXIÈME TABLEAU (de l'Hermitage).

Hector reproche à Pâris sa lâcheté., par Angelica
Kauffman.

Personnages :

Le comte Vorontzoff-Daschloff, M. de Mordvinoff,
madame de Tatischeff, mademoiselle de Khanikoff, la
comtesse de Modène, la princesse A. Volkonsky.

SEPTIÈME TABLEAU (du cabinet de S. M. l'impératrice-
mère).

La Conversation espagnole , par Carle VanIoo.

Personnages :

Le prince Yousouppoff, mesdemoiselles de Chéré-
meteff, Mathilde de Bétancourt et de Danaouroff.

HUITIÈME TABLEAU.

Pénélope entourée de ses femmes , composition
de M. Lagrénée.

Personnages :

La princesse Soltikoff, née princesse Dolgorouky,
mesdemoiselles Nadiejda Hitroff et Nathalie Hitroff, la
princesse Barbe Dolgorouky, mademoiselle de Bakounin, la comtesse Elisabeth Stroganoff, les princesses
Catherine Dolgorouky et Viasemsky.

DIXIÈME PORTRAIT (de l'Hermitage).

Portrait d'Elisabeth de Bourbon , épouse de Philippe IV, roi d'Espagne.. — La princesse Hilkoff.

ONZIÈME PORTRAIT.

Portrait de femme, de Raphaël. — Madame de Nek-
lioudoff.

DOUZIÈME PORTRAIT (de l'Hermitage).

Portrait de la fille de Cromwell, par Ant. Vandyck. —
La princesse *Sapieha*.

NEUVIÈME TABLEAU.

Réjouissance flamande, de David Teniers.

Ce tableau fut représenté par les artistes des théâtres
impériaux, sous la direction de M. Didelot, maître des
ballets. Il finit par un divertissement.

TROISIÈME PARTIE.

Charade en action.

— Nº LIII. —

LE TIRAGE.

Nec forma æternum, nec cuiquam est fortuna perennis.
PROPERCE, *Elégies.*

Les faveurs de la fortune sont comme les charmes de
la figure ; on ne les conserve pas long-tems

Le temple de la fortune est ouvert ; les joueurs
s'y précipitent en foule de tous les quartiers de
la ville ; les riantes campagnes des environs sont
abandonnées ; le commerce prête à la loterie le
vaste local de la Bourse : il peut contenir vingt-
cinq mille ames.

D'innombrables gondoles couvrent le fleuve ;
les ponts de bois retentissent sous les pieds des
chevaux ; les affaires sont suspendues ; les administrations sont en vacance : toute la ville
s'est donné congé. Ce n'est plus l'empereur qui
règne sur cette foule immense, c'est la volage

déesse, dont les faveurs planent au dessus de la bourse ; bientôt, d'un air distrait, elle va les jeter aveuglément au milieu de ses pâles adorateurs.

Les femmes, plus timides, plus réservées que celles de l'Europe méridionale, n'osent point grossir les flots tumultueux de l'assemblée : elles attendent chez elles les arrêts du destin.

Une immense estrade devient le théâtre des événemens. Le général grand-maître de police, les membres de la commission, les majors de quartier ont déjà pris place ; tous les regards dévorent les deux roues vitrées, l'une portant la livrée de l'espérance, l'autre, moins grande, mais resplendissante d'or, contient six mille chances heureuses depuis les minces félicités de cinquante roubles jusqu'au bonheur plus arrondi de trois millions.

Douze enfans, vêtus de blanc, et en petite veste bleue, vont tirer les billets ; ce sont des amours ou au moins des fils de ce dieu ; chacun d'eux recevra six cents roubles en reconnaissance de ses fonctions pendant la durée du tirage.

Un poteau pivotant présentera, en grands chiffres, aux assistans, le billet sorti de la grande roue verte. Dès qu'il sera annoncé, un officier de police déroulera le petit papier tiré aussi par un enfant de la roue dorée, et annoncera le lot attaché au numéro sorti; la valeur de ce lot sera également inscrite sur un des côtés du poteau.

Le signal est donné par le président de la commission; le plus grand silence règne; on met les deux roues en mouvement. Le premier billet sortant doit gagner une prime de vingt-cinq mille roubles : cela mérite l'attention des petits joueurs. Déjà la main enfantine s'est plongée dans l'urne, le numéro est proclamé, c'est celui d'un homme *à barbe*. Il gagne vingt-huit mille cinquante roubles ; j'étais près de lui , une pâleur extrême trahit sa bonne fortune ; j'ai souvent remarqué que les grandes émotions sont comme l'ivresse, il y en a de pâles et de rouges ; je donne la préférence à ces dernières. Le petit élu se remit bientôt de son trouble, et dit à ceux qui l'entouraient : « Laissez-moi passer, je veux aller dire à ma femme cette bonne nouvelle. »

Le tirage, la proclamation et la démonstra-
tion de chaque épreuve durent à peu près deux
minutes. Rien de si curieux que ces vingt-cinq
mille figures toutes dirigées vers le même point;
un grand nombre sont aussi jaunes que l'or
qu'elles convoitent; ces yeux ardens de cupidité et ces bouches béantes donnent aux traits
une effroyable expression; il faut convenir que
l'espèce humaine n'est pas belle, lorsqu'on
l'envisage au moment où chacun se dit : « Dans
quelques secondes je puis posséder trois cent
mille francs de rente. » (L'intérêt usuel en
Russie est de dix pour cent.)

N'est-ce pas une chose bien remarquable?
tous les genres d'amour et d'espérance embel-
lissent le visage de l'homme; il n'y a que l'a-
mour de l'argent qui produise un effet contraire;
il semble que la nature ait voulu attacher une
sorte de laideur à la plus folle des folies; voyez
les joueurs autour d'une table de trente et quarante; voyez les piliers d'antichambres, les cou-
reurs de grâces, les spéculateurs de la bourse,
toutes ces figures ont à peu près même expression et même couleur.

Cependant le tirage continue, le lot de cin-

quante roubles est en permanence ; à de rares
intervalles il est écarté par un soixante-dix-
huit ou par un cinq cents; mais ce bonheur ne
sert qu'à dégriser quelques personnes qui me-
surent tristement la difficulté de sortir d'une
foule où l'espérance ne les fixe plus. Le premier jour la fortune se montre avare des hautes
prédilections, on dirait qu'elle veut faire durer
le plaisir. A neuf heures la séance est levée ; le
lendemain elle se rouvre à deux heures.

Un joueur, mon voisin, à chaque billet sortant, trouvait très-mauvais que ce ne fût pas le
sien ; il trépignait d'une manière fort plaisante :
« Maudit enfant, disait-il, tu ne feras donc
rien pour moi. — Monsieur, répliqua le prince
Jean, il est très-possible qu'on lui ait donné
des préventions contre vous. »

La troisième séance offrit peu d'intérêt ; mais
on ne fera pas le même reproche à la quatrième.
Les cinquante roubles s'écoulaient avec monotonie; l'officier venait de proclamer le n° 96,997.
Aussitôt on entend retentir comme un coup de
tonnerre le mot *Vorotinets*, prononcé d'une voix
éclatante ; et sur l'ardoise on lit en gros caractères : *Vorotinets !* A cette terrible apparition

l'assemblée resta comme foudroyée ; non, jamais coup de théâtre ni dénouement tragique ne frappa si vivement les auditeurs ; quelques rares applaudissemens saluent le gros lot, et plus de vingt mille bouches répètent : *Vorotinets! Vorotinets!...* C'est comme le sourd murmure d'une mer courroucée ; mais soudain on cherche des yeux le mortel fortuné ; est-il présent ? va-t-il se faire connaître ?... Bientôt dans la foule on voit se débattre un homme ; il succombe sous le poids de son bonheur ; on ouvre les rangs, on lui fraye le passage. « Le voilà! le voilà! » s'écrie-t-on de toute part. Il arrive aux pieds de l'estrade, palpitant d'émotion ; ses mains tremblantes présentent un billet aux officiers ; on le compare au numéro sorti ; hélas! le malheureux s'est trompé ; ses yeux l'abusèrent ; son billet porte 96,907. De loin il prit le troisième chiffre pour un zéro ; il est bientôt convaincu ; mais, ne pouvant résister à la violence de deux secousses si diverses, il tombe sans connaissance aux pieds de l'estrade ; on le fait transporter dans une salle voisine, où un médecin, présent à l'assemblée, va lui donner des secours.

Le tirage continua : d'après les conditions du prospectus, la sortie du gros lot exerçait un effet rétroactif sur le numéro qui l'avait précédé; ainsi le maître de ce billet, qui croyait ne retirer que sa mise, se trouvait gagner cent mille roubles. Même chance attendait le billet qui suivait *Vorotinets*. Les ambitions de première classe se retranchèrent vers cette fiche de consolation; mais, dès que le sort eut prononcé, la salle fut frappée de désenchantement ; on se dirigea en foule vers les portes ; les espérances de bonne compagnie qui avaient dit : « Le gros lot ou rien, » regagnèrent leurs voitures ou leurs barques ; le charme disparut, et il ne resta aux pieds des *roues* que le menu peuple des joueurs ; c'était un rassemblement de barbes; quoique rasé de frais, je demeurai fidèle à mon poste.

Mais je fus frappé du découragement général ; les physionomies étaient tout autres ; plus d'ardeur dans le regard , plus d'immobilité dans les poses, plus d'attention, plus de silence, un chuchottement perpétuel; les deux proclamateurs s'enrouaient sans pouvoir se faire entendre. *Vorotinets* avait produit l'effet d'une belle tragédie dont les vives impressions survivent à la chute du rideau, et empêchent même d'écouter la petite pièce. L'un disait tristement à son voisin : « Pourquoi n'ai-je pas eu la pensée de choisir ces cinq numéros 96,997 ? c'était si facile. » Un autre : « Je les ai rêvés, mais ils étaient pris. » Enfin la séance se lève, et le président de la commission pose les scellés sur les deux urnes, précaution qu'on prend chaque soir. Je repasse le fleuve, et m'élançant sur un droscky, je parcours les promenades, les principales rues de la ville : tous les habitans ont l'air de gens ruinés. De dix heures à minuit je vais dans plusieurs salons, chacun s'efforce de rire ; les Russes possèdent aussi bien que nous l'art de la bonne plaisanterie; mais cette fois la gaîté est forcée, elle manque de franchise ; on voit même quelques personnes se plaindre avec humeur ; tous les domestiques sont en campagne avec ordre de découvrir le nom du héros de la loterie.

Mais ce triomphateur reste encore inconnu ; on apprend seulement le désespoir d'une princesse fort riche qui garda pendant plus de six semaines le billet gagnant, et qui, le jugeant moins bon qu'un autre, s'en défit. Il passa ensuite dans plusieurs mains. Ainsi, vingt ou trente joueurs se désolent d'avoir repoussé ce petit chiffon de papier qui devait les enrichir, ou du moins augmenter leurs richesses. Tout le monde rit de leur désespoir.

On sait que les barbiers sont la classe la plus facétieuse de tous les pays ; la joie est un des priviléges du rasoir et du peigne. On cite un Figaro russe dont la gaîté dégénéra en friponnerie. Le jour de la quatrième séance, il revint dans son quartier (au vieux Pétersbourg, de l'autre côté de la Néva) en sautant, chantant, et criant à tue-tête : « J'ai gagné, j'ai gagné ! — Quoi? — La deuxième prime de cent mille roubles. » Ses voisins le crurent ; il fut caressé, félicité, accablé de complimens, et même d'offres de services : il accepta tout, et c'était à qui lui prêterait pour l'aider à mener joyeuse vie jusqu'à l'ouverture des paiemens. On lui avait déjà avancé deux mille roubles lorsque la police apprit cette mystification ; on le fit arrêter, et il fut condamné à cinquante coups de bâton qu'il reçut aussi gracieusement qu'il avait reçu les deux mille roubles.

Eh bien ! la princesse Varinka disait une folie

raisonnable lorsqu'elle assurait que personne n'aurait le gros lot. Personne, en effet, ne se vantera de ce bonheur; il se divisera en cinq fractions, puisque cinq personnes partagèrent les chances d'un même billet moyennant dix roubles chacune. Le numéro voyageur prit enfin domicile à Odessa : maintenant tous les détails sont connus. Cette fois la Fortune ne se montre-t-elle pas admirable? ne la nommera-t-on point une honnête personne? Réhabilitons-la, et ôtons-lui son bandeau pour quelques jours : cela ne tire point à conséquence. On dit que les gagnans sont un officier sans soldats, un abbé sans abbaye, un bourgeois sans fortune, un négociant sans affaires, et un peintre sans modèles; ainsi la noblesse, le clergé, la bourgeoisie, le commerce et les beaux-arts participent aux grâces du sort. Mais il n'y a point de joie pure dans ce monde; *Vorotinets* devient propriété indivise, et quatre des élus ne sont point aptes à posséder une terre avec des paysans; cet inconvénient nuit beaucoup à la valeur du gain, dont l'estimation fut d'ailleurs exagérée. On n'offre plus qu'un million sept cent mille francs (roubles) du bien que la voix publique et le prospectus portaient

à trois millions ; c'est un terrible mécompte.
Un des gagnans disait au gouverneur d'Odessa :
« Mon général, me voilà à moitié ruiné par cet
arrangement de la commission. » On dit que la
couronne achètera *Vorotinets.*

Ainsi la comédie est jouée : elle fut un peu
longue ; mais, faire connaître toutes les phases
de cette grande aventure, c'est encore peindre
les mœurs russes ; dans les circonstances extraordinaires le caractère se déploie avec plus de
naturel et de franchise. Je ne parlerai point de
tous les autres lots ; on ne nomme pas même
les gagnans, tant le sort fut avare de faveurs
superflues. Aucun Crésus du Nord ne peut se
vanter d'avoir amené un filet d'or dans son
Pactole.

Cette loterie offrit l'occasion de parler des
grandes loteries de l'Allemagne, où l'on use
souvent de ce moyen pour se défaire d'un im-
meuble considérable. Entre autres anecdotes,
j'ai recueilli la suivante, qui sert de témoignage
à la touchante simplicité du caractère allemand.

Il y a peu d'années qu'une loterie se tira à
Leipsick ; le gros lot était une terre de quinze
cent mille francs ; elle échut à un pauvre caba-

retier de la Bohême. Après six semaines, on le vit arriver sur une mauvaise haquenée; il se présenta au bureau de la loterie pour recevoir les titres de sa propriété qu'il voulait vendre. Il exhiba son billet avec le sang-froid d'un homme qui vient toucher une lettre de change d'un millier de florins; son visage n'exprimait rien d'extraordinaire. On le questionne sur l'emploi qu'il voulait faire du trésor inespéré. « Eh bien! notre ami, vous allez rouler carrosse? — Moi! ah ben oui! vous n'y êtes pas. Un carrosse! je ne saurais pas seulement comment y entrer, ni comment m'y asseoir; je ne changerai pas même mon cheval, qui m'a conduit ici sans butter, quoiqu'il ne soit pas beau. La pauvre bête! elle mangera un peu plus, et me portera tant qu'elle pourra. Messieurs, vous ne savez peut-être pas que je suis cabaretier? eh bien! je vous l'apprends, et je m'en vante. Je veux faire de mon cabaret une grande auberge, avec vingt-quatre lits de maîtres. Je ne prétends point changer d'état : c'est mon plaisir à moi, que donner à boire et à manger aux braves gens qui m'honorent de leur présence. — Fort bien. Mais tout l'argent qui vous restera, qu'en ferez-vous?

— Je l'emploirai utilement, soyez tranquilles. Est-ce qu'on n'a pas des parens pauvres, des amis qui souffrent? ils seront tous contens de moi. Puis, viennent sept à huit enfans, je ne sais pas au juste, faudra bien établir tout ça. Quand leur part sera faite, je m'adjugerai six bonnes mille livres de rente qui ne devront rien à personne; je n'en veux pas plus, cela me gênerait; et peut-être que l'orgueil... C'est une vilaine chose, voyez-vous, Messieurs, que l'orgueil; ça ne vaut rien pour ce monde ni pour l'autre. Je vous remercie de tout mon cœur, je vais me dépêcher de finir mes affaires, et puis je retourne bien vite dans mon petit village, que j'aime beaucoup. »

Molière, en écoutant ce brave homme, se fût écrié : « Où diable la philosophie va-t-elle se nicher! » Je tiens ces détails d'une dame dont le fils est secrétaire de légation près la cour de Saxe.

Je termine par un jugement de l'empereur Alexandre; l'on trouvera que Salomon ne faisait guère mieux. Un officier supérieur en retraite s'était mis à la gêne pour prendre un assez grand nombre de billets de la loterie

Golovin; il est devenu fou de douleur, en voyant ses espérances trompées. Son état affligea l'empereur. Lorsque MM. de la commission prirent les ordres de S. M. sur ce qu'il fallait faire des roues de fortune, Alexandre répondit vivement : « Il faut qu'elles soient punies par où elles ont péché. Messieurs, qu'on les mette à la maison des fous, c'est leur place ; et soyez bien certains que, de mon vivant, elles n'en sortiront plus! »

Ce jugement est historique. En ma qualité de voyageur, j'ai voulu m'assurer par mes propres yeux de cette décision empreinte d'un cachet de sagesse et d'originalité. Je me rendis à la maison *jaune*, je demandai au médecin de l'établissement où étaient placées les coupables. Je trouvai mes deux folles nichées dans un grand corridor assez obscur, l'une vide, l'autre portant encore dans ses flancs les cent soixante-quatre mille numéros frappés de mort.

— N° LIV. —

PANORAMA SCIENTIFIQUE.

> Peuple heureux! le jour luit; tremblez qu'il ne s'éteigne!
> .   .   .   .
> Ce que Pierre ébaucha, Catherine l'achève;
> Sous ses mains, chaque jour, l'édifice s'élève.
>
> DELILLE, *Epître sur les Voyages.*

J'AI vu enfin l'Académie des Sciences. J'étais impatient de connaître ces salles immenses où sont rangées les richesses des trois règnes de la nature, où une innombrable quantité de ses productions, de ses caprices, de ses erreurs, et même de ses monstruosités, se présentent aux observations des savans.

Je me garderai bien d'entrer dans des détails minutieux; si l'on veut connaître toutes les richesses de cette Académie, on peut consulter les trois volumes du *Voyage de deux Français dans le Nord*, années 1791 et 1792. Je me bornerai à quelques remarques sur les objets les plus remarquables qui furent ajoutés à l'ancienne collection dans les vingt-cinq dernières années.

Nous commençâmes, mon Russe et moi, par rendre une visite intéressée à M. W. Mayer, libraire de l'Académie. Repoussés par une défense générale (pour cause de quelques réparations), nous avions besoin de nous appuyer sur un peu de faveur, sous peine d'être évincés. M. Mayer est un homme instruit, jovial, et plein de bienveillance. Ce caractère devient si rare, une physionomie franche et ouverte est un si heureux accident au milieu des visages moroses du dix-neuvième siècle, et des manières négatives qu'on se prodigue mutuellement, que j'ai considéré M. Mayer comme une curiosité placée à l'entrée de l'Académie pour vous préparer aux choses extraordinaires.

La première salle est celle des minéraux. La Russie se montre riche de son propre fonds ; elle n'a presque rien emprunté aux autres pays. Ses nombreux voyageurs en Sibérie enrichirent ce cabinet, dont la collection est très-considérable. Aux produits indigènes furent joints les

minéraux de la Suède et des montagnes cen-
trales de l'Asie, avec des désignations spé-
ciales.

Généralement, tout ce qui n'est offert dans
les autres cabinets de l'Europe qu'en petits
échantillons, se montre ici dans des proportions
beaucoup plus fortes. On voit que les explora-
teurs ne plaignent pas l'étoffe. Tout est facile,
tout est possible, tout est colossal en Russie ;
c'est bien le cas d'appliquer à ce pays le mot
de M. de Calonne : « Si la chose est possible,
elle est faite ; si elle est impossible, elle se
fera. »

Ceux qui passent indifféremment devant l'empire minéralogique s'arrêtent à l'aspect des ma-
trices où se forment les amétystes, topazes,
turquoises, émeraudes, etc., etc. Les femmes
surtout sont charmées de voir ces brillans ber-
ceaux des bijoux dont elles se parent.

Voilà un obélisque haut de trois pieds ; il est
composé de cinquante variétés des plus beaux
marbres sibériens. On voit aussi des monceaux
énormes de pierres rares ; la pétrification d'un
tronc d'arbre de trois pieds de diamètre ; à
côté est une énorme tortue également pétri-

fiée, et transportée avec le bloc de roche sur lequel elle fut trouvée.

On nous montra de très-belles aérolites. Ces pierres sont calcinées, d'une couleur noirâtre, et paraissent avoir la pesanteur ainsi que la dureté des métaux. Voilà une coquille univalve d'une grosseur extraordinaire, trois pieds de long sur deux de large.

La seconde salle renferme les préparations anatomiques du célèbre Hollandais Ruysch, dont Pierre-le-Grand fit l'acquisition. Elle fut le noyau de celle qui existe : on la dit une des plus considérables de l'Europe. Déjà, sous le règne de Pierre, elle s'était beaucoup augmentée, au moyen de l'ordre qu'il avait donné, d'adresser à l'Académie, de tous les points de l'empire, les fœtus jugés dignes de figurer dans ce cabinet. On accorda des primes d'encouragement pour garantir le succès de cette mesure : elle s'exécute encore aujourd'hui.

Comment peindre un caprice de la nature qui attire particulièrement notre attention? Je vois dans un grand bocal un enfant, placé au milieu d'un bouquet de fleurs; elles sont aussi parfaitement formées et dessinées que celles de nos jardins. On reste ébahi devant cette pittoresque monstruosité ; on s'étonne que les substances sanguines aient pu fournir au développement de toutes ces feuilles et de toutes ces fleurs, de grandeur ordinaire. La nature ne fut paresseuse que pour l'enfant. Le bouquet se compose de pensées et de fleurs de buisson; les couleurs sont vives et variées. La série des embryons est très-considérable ; elle s'élève depuis la grosseur d'une lentille jusqu'à celle de l'enfant entièrement formé.

Voici une belle tête renfermée dans un bocal; elle est d'une parfaite conservation. Ses joues sont encore fraîches : ses yeux fermés laissent voir de très-beaux cils. La pensée de la mort ne vient point en la contemplant; on dirait qu'elle sommeille. Il a fallu échafauder un petit roman sur cette belle fille de vingt ans. On dit qu'aimée avec passion, son amant, dans une fureur jalouse, lui trancha la tête et voulut ensuite lui déférer les honneurs de l'immortalité. Que l'on croie là-dessus ce que l'on voudra, je n'y tiens pas du tout.

Plus loin, un enfant est placé à côté d'un singe; ce rapprochement n'a rien de bien flatteur.

Après avoir contemplé les grandes erreurs de la nature, nos yeux se reposent en quelque sorte sur des monstres d'un autre genre, mais qui sont au moins ce qu'ils doivent être. Les trois arcs de la voûte, et de grandes armoires placées au centre de la salle, sont peuplés de crocodiles, de serpens, de lézards, d'une épée de mer, d'une tête de narval avec sa corne, et d'un grand dauphin pêché dans la Mer-Blanche. Une immense quantité de poissons fort curieux, de scarabées, de crapauds, grenouilles, cancres, oursins, tortues, araignées et tarentules, tapissent les parois des piliers. Parmi les lézards, on distingue le seinéus, auquel les Orientaux attribuent une puissance très-bizarre.

Près de la porte, à gauche, on se trouve face à face d'un géant empaillé; il a sept pieds de hauteur, et une grosseur proportionnée. C'était l'heiduque de Pierre-le-Grand. Ce colosse venait des frontières de la Petite-Russie. A ses pieds on a mis un nain, pour faire plaisir aux amateurs des contrastes.

Il y a une collection d'oiseaux, remarquable par le nombre et la variété d'oiseaux aquatiques, presque tous russes. Encore des fœtus ;

ceux-ci appartiennent aux animaux, entre au-tres aux cerfs, chevreuils et éléphans.

Voilà une taupe blanche, un écureuil blanc, un corbeau blanc et des belettes blanches. Cette armoire est une assemblée d'antithèses. Vien-nent ensuite des hermines en robes d'hiver et robes d'été, des castors, des lièvres jaunes, des rats musqués, des écureuils volans, des chats tigrés sibériens, des lièvres noirs, des hérissons aussi petits qu'une souris. Je me borne à nommer les animaux les plus rares.

La salle suivante contient un riche assem-blage de zoophites, coraux et plantes marines; rien n'est plus varié ni plus élégant que leurs formes. On a beau se pénétrer de la fécondité des œuvres de Dieu, on reste muet d'admira-tion devant cette multitude de dessins que nous offrent les plantes sorties du fond des eaux. Quelle élégance de formes! quelle prodigieuse variété!

J'aime à rencontrer au milieu des produits de la végétation des mers le buste de Lomonossoff, fondateur des *Lettres russes*. Les sciences et la littérature se disputent ce beau génie; il ne faut donc point s'étonner de retrouver ici son image.

Plus loin est le buste de Pallas ; ce fameux voyageur est là en famille, puisqu'on le voit entouré d'une foule d'objets dont l'art est redevable à ses périlleuses explorations. Enfin nous trouvons, dans une autre embrasure de fenêtre, la statue du savant Euler ; il fleurissait sous le règne d'Elisabeth et de Catherine.

Les ours habitent le second étage de l'Académie ; ceux de tous les pays sont représentés dans ce cabinet. L'ours blanc est debout, il a plus de six pieds de haut ; ses dents menacent encore ; sa férocité lui a survécu. Le renne de Laponie, le tigre royal, le léopard, le chacal de Perse, l'argalie de Sibérie, la loutre du Kamtchatka, un morse ou cheval marin, l'autruche, la gazelle, jouissent avec les ours des honneurs académiques.

Mais j'oubliais la pièce la plus monstrueuse ; peut-être me comparera-t-on au curieux du fabuliste Kriloff, dont l'attention ne laisse pas échapper le plus petit insecte, et qui ne sait point voir l'éléphant ; satire ingénieuse contre les observateurs, diseurs et faiseurs de petites choses aux dépens des grandes. Je ne mérite point l'application de l'apologue, car j'ai vu, et très-bien vu, l'éléphant; il est monté par un cornac indien. Je ne saurais dire si ce cornac fut empaillé comme l'heiduque de Pierre-le-Grand, car cette académie me paraît d'une humeur empailleuse. Quant à l'animal, il est gigantesque; il vécut peu de tems. Ces gros tempéramens ne sauraient se plier au soixantième degré; c'est au moins ce que disent les gens chargés de les chauffer et de les nourrir : peut-être le climat a-t-il bon dos.

J'ai fait une visite beaucoup plus longue au squelette du mammont; c'est la plus belle conquête de la science dans la classe des fossiles; elle a pour les curieux étrangers tout l'attrait de la nouveauté. En regardant ce monstre, victime du déluge, on est tenté de le questionner sur ce grand événement. Le mammont est plus haut monté sur ses jambes que l'éléphant; il surpasse son voisin en grandeur, et peut-être en grosseur, suivant toutes les apparences; un lambeau de sa peau, échappé à la voracité des ours, porte plus d'un doigt d'épaisseur.

Le gigantesque animal fut trouvé sur les glaces de la Mer-Blanche par le voyageur *Michel Adams*; une trentaine d'ours le dévoraient.

Le lieu fut signalé, et Adams calcula qu'au retour du printems, la carcasse échouerait sur la
rive avec les glaçons qui la portaient; ce calcul
fut juste. La tête, qui a été ménagée, reste
presque entière; une oreille est parfaitement
conservée. Cette tête est armée de deux dé-
fenses recourbées et divergentes; elles paraissent avoir six pieds de longueur. La découverte
de ce trésor est due à la fonte des glaces qui,
s'étant amoncelées depuis des milliers de siècles
sur ce gros corps, préservèrent les chairs de la
putréfaction. On a trouvé en Sibérie des personnes mortes depuis deux cents ans, dont les
traits n'étaient point altérés. Les glaces garan-
tissent les cadavres de la contagion de l'air.

Le schah de Perse envoya il y a quelques
années deux superbes éléphans à l'empereur
Alexandre. Un M. de Saint-Victor, émigré,
les visita avec quelques amis : naturellement
très-distrait, il ne s'aperçut point de la sortie
de sa société, et on l'enferma dans l'enceinte.
Les éléphans, fort étonnés de rester avec un inconnu, s'approchèrent de lui en balançant leur
trompe au dessus de sa tête; puis ils s'amusè-
rent à parcourir son corps de haut en bas en

l'effleurant légèrement. Le patient, mourant de peur, se collait contre le mur et souriait à ces deux colosses, comme pour exciter leur générosité; mais ils ne cessaient point de le serrer de près et d'attacher avec affectation leurs yeux sur les siens; ils semblaient se divertir de son embarras et de sa frayeur. Enfin les amis de M. de Saint-Victor, ne le voyant point, eurent l'heureuse pensée de revenir sur leurs pas et de se faire ouvrir les portes; ils le trouvèrent toujours à la même place, et fort excédé de la longueur de sa visite aux deux éléphans.

Les savans sont souvent très-naïfs dans leurs rapports avec les gens du monde. Dernièrement nous passions la soirée chez M. le comte de B***, homme aimable autant qu'instruit et spirituel. A huit heures, on annonce une députation d'une société des sciences naturelles; l'orateur était italien : « M. le comte, dit-il, nous avons eu le bonheur de découvrir *oune pounaise inconnue* dans le monde savant, et, par arrêté de... tel jour, la société a décidé qu'on lui donnerait votre nom; c'est un hommage que ma compagnie se plaît à rendre à votre excellence. » On juge de l'étonnement du cercle et de l'em-

barras du comte; tout savant qu'il est, il balbutia un refus; mais ces messieurs, ne l'attri-
buant qu'à trop de modestie, insistèrent en lui
disant que personne ne méritait plus cet honneur que son excellence. Il n'y eut pas moyen
de revenir sur la délibération, et ils se retirèrent, persuadés qu'ils avaient fait le plus
grand plaisir à leur nouvel agrégé. Cette scène
nous mit en gaîté; on plaisanta beaucoup le
comte qui se plaisantait lui-même : « Me voilà
parrain d'une punaise, dit-il, et nous mar-
chons ensemble à la postérité. »

Puisque je me suis placé sur le terrain de la
science, je ne veux point terminer ce chapitre
sans parler de ma visite au corps des mines. Il
fut créé par l'impératrice Catherine, et a reçu
une nouvelle organisation sous l'influence et par
les soins du directeur actuel, le général Met-
chnikoff. Il y a cent élèves pensionnaires; de
nombreux cours leur sont ouverts : l'enseigne-
ment est très-perfectionné; chaque année il sort
de cette école de bons inspecteurs des mines.
L'hôtel est situé dans le Vassili-Ostroff, à l'extrémité de l'île.

On nous conduisit dans une grande salle carrée, où nous vîmes une collection de médailles exécutées d'après les annales russes, et représentant les actions héroïques qui signalèrent plusieurs règnes, ainsi que l'image de tous les souverains, depuis Rurik, fondateur de la monarchie, jusqu'à nos jours. Ces échantillons de médailles sont en plomb anglais; les coins se conservent à l'hôtel des Monnaies. Tout amateur peut les faire exécuter dans le métal qui lui convient, et d'après un prix déterminé.

Plus loin, on a réuni toutes les monnaies, or, argent et cuivre, qui furent frappées depuis le czar Romanoff, chef de la présente dynastie. Les pièces actuelles n'offrent plus l'effigie du souverain; l'empereur Paul abolit cet antique usage.

Comment décrire la multitude d'objets curieux étalés sous les regards du voyageur? Ici les armes des divers régimens de cavalerie et d'infanterie; dans une autre armoire des ciseaux, serrures, couteaux, etc., etc., en acier, tous fabriqués par les manufactures de la couronne; les quatre évangélistes, coulés en fer fondu et vernissé, sortent des fabriques de Sibérie.

Dans les bas-reliefs en bronze, nous remar-
quâmes particulièrement celui qui représente
Pierre-le-Grand. Assis dans sa tente aux bords
du Pruth, il tient une plume à la main ; sur sa
mâle figure on voit l'agitation et le profond
chagrin qu'il éprouve de signer un traité humiliant avec les Turcs, qui cernent le camp ; plusieurs officiers, à genoux, le conjurent de sus-
pendre cette fatale signature. Le groupe se
compose de dix à douze personnages ; Catherine Ire est derrière son auguste époux, elle l'en-
courage, et semble lui communiquer l'heureuse
inspiration qui sauva l'armée.

Voilà une collection générale de tous les
marbres et jaspes des carrières russes, fort
ingénieusement représentés par des cartes en
mosaïque composées avec les matières qu'elles
représentent.

Nous entrons dans une salle distinguée par la
beauté de son architecture autant que par sa
grandeur. On voit au milieu deux rangs de colonnes en stuc ; derrière ces colonnes sont deux
galeries meublées de grandes armoires contenant une immense collection de métaux et minéraux. Ces divers échantillons sont d'une di-

mension beaucoup plus forte que ceux de l'Académie des Sciences. A l'extrémité de cette salle
est un bloc de malakite du poids de quatre-
vingt-dix pouds (trois mille six cents livres de
treize onces). Au dedans de ce bloc on voit
un morceau de fer du poids de quarante-cinq
pouds, fondu naturellement dans une révolution volcanique ; puis une masse énorme de cris-
tal de roche taillée des mains de la nature, et
du poids de douze à quinze pouds. Entre la co-
lonnade se trouve plusieurs instrumens de méca-
nique pour l'exploitation des mines. Les colonnes, d'ordre ionique, soutiennent une galerie
contenant la bibliothèque de l'établissement.
Elle est très-riche en ouvrages de minéralogie et
d'arts mécaniques.

Après cette salle, on entre dans une autre
qui se termine, aux trois quarts de sa dimen-
sion, par un front de colonnes transversales dont
la couleur verdâtre est en harmonie avec les
murs peints en vert. Cette pièce est immense ;
l'œil s'égare sur la foule d'objets qu'elle contient. Voici le Pactole ; l'or coule au fond de cette
rivière. On a placé sur des bois l'appareil servant à l'extraction du riche métal : trois bou-

teilles blanches contiennent les diverses préparations jusqu'à l'or pur.

Voilà le plan en relief de plusieurs établissemens des mines ; des appareils pour l'évapora-
tion d'eaux salines , des miniatures de diverses
machines employées aux hôtels des monnaies
d'Orembourg et de Pétersbourg. Au nombre
de ces machines , il en est une à vapeur qui fait
mouvoir toutes les autres. La vitesse est si
grande, qu'en 1817 six de ces machines donnèrent cent cinquante mille pièces en un jour :
dans une minute un seul ouvrier peut obtenir
soixante pièces. Plus loin sont des appareils pour
la fabrication des charbons de bois, d'après les
procédés suédois et russes; un autre pour la
distillation du goudron.

Voici une création très-remarquable, c'est
le profil d'une montagne d'où l'on extrait les
métaux ; il est de la hauteur de dix-huit à vingt
pieds. On y distingue les diverses natures de
terrains , de pierres et de métaux. La mine d'argent se trouve à la base. Il est impossible d'i-
miter plus parfaitement la nature. Un syphon
traverse toute la profondeur du souterrain pour
extraire les eaux qui remontent à l'orifice.

Je descendais l'escalier de cette scientifique maison, et j'allais la quitter lorsque mon *cicerone* me fit prendre la direction du jardin, où m'attendait une charmante surprise et la chose la plus curieuse et la plus intéressante de cet établissement. Au dessous d'un assez vaste monticule se trouve une petite porte vers laquelle on arrive par une pente douce. Un officier, notre introducteur, nous donna à chacun une bougie allumée, et nous voilà engagés dans de noires profondeurs. Elles représentent, avec le prestige de la ressemblance la plus exacte, toutes les mines des pays placés sous la domination russe. On peut appeler ce lieu le panorama de la Sibérie souterraine. Là, tous les secrets de la bonne nature sont dévoilés ; les entrailles de la terre sont à découvert ; on voit tous ses prodiges, ses phénomènes et ses plus brillantes productions. Au bout de cinq à six pas, on rencontre une nouvelle mine ; les murs sont en mastic coloré, imitant les diverses nuances de terrain, et parsemés d'or et d'argent factices. Mais, pour donner aux élèves une juste idée des différens jeux de la nature comme veines de métaux et cristallisation, on poussa la recherche jusqu'à

faire venir des lieux qu'on a voulu représenter
les matières du sol dans une quantité suffisante
pour les démonstrations. Les voûtes du souterrain sont construites en briques, et les parois
soutenues par des solives dans les endroits où
sont représentés les travaux des mineurs. Toutes
les précautions sont prises pour éviter les ébou-
lemens. Les voûtes ont partout la même hauteur, ce qui est très-commode pour les élèves
et pour les curieux. Une imitation trop servile
des divers accidens de terrain, dans ces vastes
profondeurs, rendrait les leçons pénibles ; c'é-
tait le cas de flatter un peu la nature, et c'est
ce qu'on a fait. Ce labyrinthe minéralogique et
métallurgique embrasse une étendue d'environ
cent toises carrées ; nous lui consacrâmes deux
heures : c'est peu pour un voyage de quelques
milliers de werstes. Depuis que j'habite Pétersbourg, aucun établissement n'avait autant pi-
qué ma curiosité. Cette conception est ingénieuse, et l'exécution en est parfaite. Dans
l'espace de quelques minutes, nous nous trou-
vions transportés des mines du mont Oural à
celles de Kolywano Voskreseuskoy , situées
dans la chaîne du mont Altay, entre les rivières

d'Irtich et de la Bélaïa ; de là nous franchissions
les sommets de Nertchinska, et nous visitions les
mines de Koutoumarsk, celles de Chilka et de
Gazimour, renommées par la quantité de plomb
mêlé d'argent que l'on extrait annuellement de
leur sein. J'eus quelque peine à m'arracher de
ces détours ténébreux, où chaque pas est marqué par l'aspect d'un objet nouveau, et lorsque
je revis la lumière et la neige, je formai le désir
d'être condamné aux mines au moins durant une
journée entière. Ce n'est point assez de deux
heures pour visiter ce souterrain, qui est certainement une des merveilles du domaine des
arts.

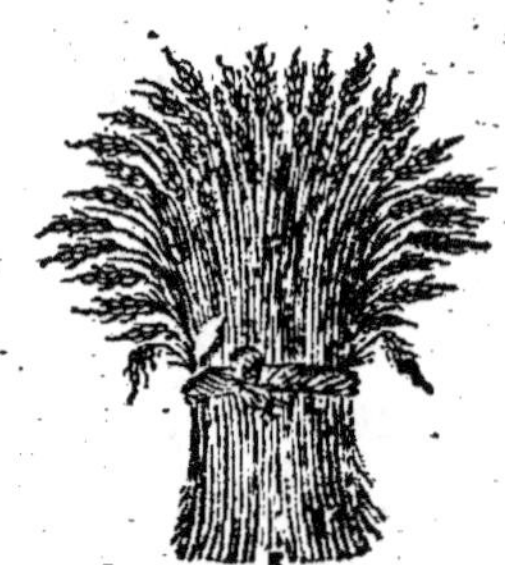

LES DEMOISELLES DE COMPAGNIE

ET LES GOUVERNANTES.

> Allons, ferme, poussez, mes bons amis de cour,
> Vous n'en épargnez point, et chacun a son tour.
> MOLIÈRE, *Tartuffe*.

> L'homme le plus méchant ne la peut égaler
> Tant à faire le mal qu'à le dissimuler.
> SCARRON, *l'Ecolier de Salam.*, act. III.

AUTREFOIS toutes nos grandes dames avaient des demoiselles de compagnie; ce meuble, presque supprimé en France, est encore de première nécessité en Russie; on se passerait plus aisément d'un canapé ou d'un *piano*, que d'une demoiselle ou dame de compagnie; j'en ai vu deux, trois, et jusqu'à quatre dans la même maison, suivant la fortune et la fantaisie des amateurs.

Lorsqu'on entre dans un salon où des femmes sont rassemblées, un coup-d'œil suffit pour reconnaître la demoiselle de compagnie, dont voici le signalement : « Physionomie modeste, maintien composé ; bouche en cœur ; réponses par monosyllabes aux hommes qui veulent la faire jaser ; regards inquiets vers la maîtresse de la maison, obéissance au moindre geste, au moindre signe ; distance respectueuse du foyer, de la conversation ; air distrait, tout en écoutant très-bien ce qui se dit ; de tems en tems des nuances de tristesse causée par la gêne du collier, mais toujours beaucoup de politesse et de résignation. »

On conçoit qu'une personne condamnée, par état, à rester toute une semaine sans desserrer les dents, et à écouter une foule de causeurs, depuis midi jusqu'à deux heures du matin, se réveille le dimanche avec une soif ardente de bavardage ; c'est un abcès formé pendant six jours, il doit percer le septième. Ce bienheureux dimanche délie enfin les chaînes de la victime, elle est libre comme l'air, et peut aller où bon lui semble ; presque toujours on met une voiture à sa disposition. Ravie d'échapper au joug et aux ennuis de l'immobilité, elle se fait conduire dans plus de dix maisons, où elle devient l'écho fidèle des entretiens de toute la semaine; elle parle alors douze heures de suite avec un zèle soutenu par la malice de l'auditoire.

Cet hiver, un samedi soir, je me trouvai chez la comtesse *Théodora;* la demoiselle de compagnie restait abandonnée dans un coin du salon. Je m'approchai d'elle, et, à tout ce que je lui dis, je n'obtins que ces mots : « *Oui, Monsieur; non, Monsieur; je n'en sais rien; je ne vous dirai pas.* » Ennuyé de cette éloquence lapidaire, je rejoignis le cercle, bien persuadé que cette demoiselle ne se compromettrait jamais. Le lendemain, elle arriva dans une maison où je dînais. L'appartement était obscur, on ne pouvait se reconnaître. A peine assise, elle prit la parole, et l'on jugera de mon étonnement, lorsque je répèterai mot pour mot le monologue de celle que j'avais crue muette.

« Eh bien, ne vous l'avais-je pas dit, il est positif que la baronne est ruinée. Avant-hier, elle envoya son argenterie et ses diamans aux *Lombards.* Sa fille a eu la mortification d'assister à deux bals avec la même robe. La baronne n'a plus que deux chevaux à sa voiture ; aussi lève-t-elle très-soigneusement les glaces quand elle traverse la *Perspective*.

» Vous connaissez le joli mot de M. Narischkin. L'empereur se plaignait du nombre de gouverneurs de province qu'on voit ici. « Sire, a répondu le grand-chambellan, ces messieurs viennent solliciter des places de vice-gouverneurs *. » L'empereur a beaucoup ri.

» Savez-vous la grande nouvelle ? Le crédit du ministre de **** est à la baisse. Ma foi, tout doit finir dans ce monde ! Déjà, il ne vole plus que d'une aile ; mais personne ne le plaint. On dit qu'il conservera quelques plumes ; c'est encore trop pour un homme qui pluma si bien.

» Mon Dieu, que j'ai ri ! Notre glorieux vient enfin d'obtenir le grand-cordon ! Il en séchait depuis douze ans. Sa femme disait naïvement : « Si jamais mon mari obtient cette faveur, sa joie pourra me rendre veuve. » Le mari n'est pas mort, mais il donne une grande soirée

* Les vice-gouverneurs ont la manutention des deniers publics ; plusieurs passent pour ne point se ruiner dans l'exercice de leurs places.

pour célébrer son triomphe et pour montrer sa plaque.

» A propos ! le jeune B... s'est battu avec son meilleur ami, pour un cheval anglais. Le prince Jean a dit : « Ces Messieurs, il y a quarante ans, se seraient cassé la tête pour une jolie femme. Autre tems, autres mœurs. »

» Mme Florise, que vous n'aimez pas, et qui vise à l'érudition, s'est terriblement fourvoyée l'autre jour. On lui conseillait de lire *Numa Pompilius*. « Je vous remercie, s'est-elle écriée ; j'ai horreur des romans, c'est toujours même solution. Dans celui que vous me proposez, *Numa* finit par épouser *Pompilius*, n'est-ce pas ? J'en étais sûre. » Tout le monde éclata de rire. Florise ne rit point ; et, le lendemain, elle disait que ma comtesse ne reçoit que des pédans.

» Hier, chez la princesse Marie, son frère fit très-maladroitement l'éloge de Mme ****. Il le termina en disant qu'il y avait peu de femmes aussi vertueuses. « Oui, répondit fort sérieusement un aide-de-camp général, depuis le dimanche des Rameaux jusqu'à celui de Quasimodo. »

» Ah ! j'oubliais de vous dire une scène

plaisante qui s'est passée l'autre jour à Moscou. La fameuse modiste que vous connaissez força la porte de la princesse *Catiche*, qui lui devait dix mille roubles, depuis le mariage de sa fille. La marchande de modes se rencontra avec le bijoutier, tous deux entrèrent ensemble. Savez-vous ce que la princesse proposa pour paiement? *Du fer en barre!* Y a-t-il rien de si plaisant? Payer des bijoux, des chapeaux et des robes garnies de fleurs avec du fer! Les marchands se récrièrent vivement. Pour toute réponse, la princesse dit avec cette douceur qui la caractérise : « Du fer, rien que du fer! Vous n'aurez pas autre chose, c'est à prendre ou à laisser. » Cette alternative et la figure toute gracieuse de leur débitrice les fit trembler; ils cédèrent, mais ils disent que la princesse est encore plus dure que les *lingots* dont elle paie ses dette. »

La causeuse allait poursuivre, lorsqu'on porta les lampes en annonçant le dîner. Elle me vit, et me rendit mon salut d'un air de consternation. Quand on se leva, je m'approchai d'elle, et je lui dis tout bas : « Soyez tranquille, je n'abuserai point de votre franchise, mais j'y

mets une condition : lorsque chez votre comtesse, j'aurai l'honneur de vous adresser la
parole, vous me direz un peu plus que, *oui*,
Monsieur ; non, *Monsieur*. Vous parlez trop bien
le dimanche, pour rester muette pendant les
six autres jours. »

Toutes les demoiselles de compagnie ne sont
point faites sur ce modèle ; j'en connais qui
savent être parfaitement aimables et discrètes,
mais c'est le plus petit nombre. Ainsi, chaque
semaine, une nuée de causeuses vont défilant
leur chapelet dans des centaines de maisons ;
cela explique comment l'immense capitale des
czars est tout aussi commère, tout aussi petite
ville que nos chefs-lieux d'arrondissement. Mais,
au surplus, Paris rivalisera bientôt avec Pétersbourg. N'avons-nous pas les petites biographies
et une foule de petits diables qui, bien moins
spirituels qu'Asmodée, se mêlent aussi de découvrir nos toits ?

Si les demoiselles de compagnie ne sont pas
toutes parfaites, on peut en dire autant des
gouvernantes ; quelquefois ces dernières se présentent pour apprendre à des élèves ce qu'elles
ne savent point elles-mêmes. On m'en a cité

une qui, étant reçue au sein d'une famille, fit
dire le lendemain à la maîtresse de la maison
qu'elle était malade. Tous les soins imaginables
lui furent prodigués durant six semaines. Enfin,
comme la gouvernante était restée grasse, fraîche, et qu'elle faisait largement ses quatre repas,
on lui signifia que les leçons commenceraient dès
le jour même. Alors, elle demanda à voir la
mère de ses élèves. En l'abordant, elle fondit
en larmes, et avoua qu'elle ne savait pas lire.
« Quoi, s'écria Mme de P..., vous ne savez
pas lire? Mais c'est honteux.—Hélas! Madame,
c'est parce que c'est honteux que je n'osais
point le dire. J'étais malheureuse, je voulais
gagner du tems et trouver un abri. »

Dans presque tous les pays, Mme de P...,
indignée de cette supercherie, aurait adressé
les plus vifs reproches à la fausse gouvernante,
et aurait fini par la congédier ; mais cette femme
était malheureuse, sans asile ; en lui faisant du
bien, on croyait avoir contracté l'obligation de
lui en faire encore. On la créa bonne d'enfans ;
et ces mêmes petites filles qu'elle devait rendre
savantes lui apprirent à lire.

Le caractère national est empreint dans ce

trait de bonté et de parfaite indulgence; la chose se serait passée de même dans presque toutes les maisons russes *. Ici il vaut mieux être malheureux que ridicule. Une dame, nouvellement débarquée, postule une place de gouvernante, mais son afféterie et ses prétentions découragent les amateurs ; elle parle *pointu*, cela déplaît. Je veux citer quelques-unes de ses phrases dont on s'amuse. « Avant d'entrer dans une maison, je veux m'informer de ses opinions politiques, car faut-il bien être en harmonie avec ses hôtes.... J'ai rencontré ce matin des bustes de Bonaparte et du *roi de Rome* dans les rues, cela m'a charmé; on respire ici, *c'est un pays*.... Mon mari était capitaine, il est mort à Waterloo, et ce jour fut le plus heureux de sa vie (elle aurait presque dit et de la mienne,

---

* L'abbé S***, curé de l'église de Saint-Louis, à Moscou, se rendait chez un malade par une nuit très-sombre ; des voleurs l'arrêtèrent et le dépouillèrent entièrement. Son aventure se répandit, et, dès le lendemain, on envoya chez lui pelisses, draps, toiles, enfin cadeaux de toute espèce, et avec une telle profusion, que ce bon abbé disait gaîment : « Encore deux aventures de ce genre, et je roule carrosse. »

car c'est une veuve très-sémillante). J'ai passé six mois à Sinope, patrie de Diogène; le cynisme du philosophe commençait à me gagner; j'ai demandé si on avait conservé son tonneau; mon banquier ne m'a point compris, tous ces gens d'affaires sont d'une ignorance!!! Diogène me plaît beaucoup par l'indépendance de ses opinions; j'aime son *Range-toi de mon soleil;* il n'est pas mal que les souverains rencontrent de tems à autre un original qui les mette à leur place : cela sert à abattre les fumées du trône. »

Je passe sous silence mille gentillesses de ce genre; je suis curieux de connaître la mère de famille qui livrera ses enfans à une institutrice aussi pédantesquement originale que madame ****.

Je termine par l'anecdote d'une gouvernante plus positive, mademoiselle Wilde, Mentor des demoiselles d'honneur, sous le règne de l'empereur Paul. Ces demoiselles avaient passé la nuit à un bal de cour, et témoignaient quelque répugnance à se rendre aux offices le matin. « Comment, mesdemoiselles, dit la gouvernante, vous ignorez donc que c'est aujourd'hui une de nos plus grandes fêtes. — Mais, c'est la Saint-Nico-

las. — Eh bien! mesdemoiselles, sachez que
saint Nicolas est à Dieu ce que Koutaisoff* est
à l'empereur. »

* L'un des favoris de l'empereur Paul.

LE PALAIS DE LA TAURIDE.

Etre sublime et doux, dont le beau caractère
A ses destins enchaînait tous les cœurs!
Hélas! sur ton tombeau que la Prusse vénère,
Tes fidèles sujets versent encor des pleurs.

Anonyme.

La Tauride, habitation royale, est un foyer de brillans souvenirs, et fut long-tems un théâtre de fêtes! Le prince Potiemkim fit construire ce palais pour célébrer la conquête du pays dont il porte le nom ; la rapidité de la construction fut égale à celle des victoires. Le prince, voulant ménager une surprise à l'impératrice Catherine, demanda le secret aux personnes de l'entourage ; on assure qu'il fut rigoureusement observé. Si le fait est vrai, il faut citer cette obéissance comme un des prodiges d'un grand pouvoir : toujours reste-t-il certain que Cathe-

rine joua la surprise avec une grâce très-réelle ,
lorsqu'elle assista à la superbe fête qu'on lui
donna pour l'inauguration de ce lieu enchanté.

Après avoir joui de l'étonnement de l'impératrice, le prince se jeta à ses genoux, en la sup-
pliant d'accepter l'hommage du palais et des
jardins créés pour elle ; il aurait pu adresser à
sa souveraine le compliment du chevalier de
Sainte-Luce, offrant une rose à Fanchon : « Je
vous rends à vous-même. » Ces mots, dans
la bouche de Potiemkim , eussent moins été un
madrigal que l'expression reconnaissante d'un
favori comblé de richesses et d'honneurs.

Ainsi le palais de la Tauride devint une propriété de la couronne. Notre *cicerone* russe ne
manqua pas de nous montrer les appartemens
occupés par S. M. la reine de Prusse, lors du
voyage qu'elle fit ici avec son auguste époux :
je lui sus gré de l'attention, mais il commit
pourtant une maladresse, car alors mon admiration changea d'objet. Oui, j'en demande
pardon à Catherine, et même à Potiemkin ; au
nom de cette grande reine, toutes mes pensées furent pour elle, tous mes hommages s'a-
dressèrent à cette ombre vénérée. Dès ce mo-

ment, je crus respirer un air plus pur; une impression mélancolique et religieuse m'enchaînait à cet asile de la vertu sans tache, dans le rang suprême. Eh quoi! cet ange de beauté et de bonté s'est assis sur ce fauteuil; elle écrivit devant cette table; elle pria devant cette image du Christ.... Quoi! ses pieds effleurèrent ce parquet, cette glace réfléchit ses traits si nobles, si doux, et cet ensemble de majesté, de pudeur et de grâce; non jamais enveloppe plus brillante ne couvrit une ame plus sublime, un caractère plus élevé ni plus énergique. Le ciel lui avait donné une telle puissance de séduction, que le héros persécuteur fut lui-même subjugué en la voyant; il lui dit : « Madame, je savais bien que vous étiez la plus belle des reines, mais j'ignorais que vous fussiez la plus belle des femmes. »

Déjà, à l'époque de son séjour en Russie, cette royale fleur portait le germe d'une fin prochaine; la mort s'enorgueillissait d'avance de la beauté de sa proie. Ce coup affreux consterna la Prusse; jamais la perte d'une souveraine n'excita plus de douleur. Ce sentiment vit encore : les voyageurs le trouvent empreint

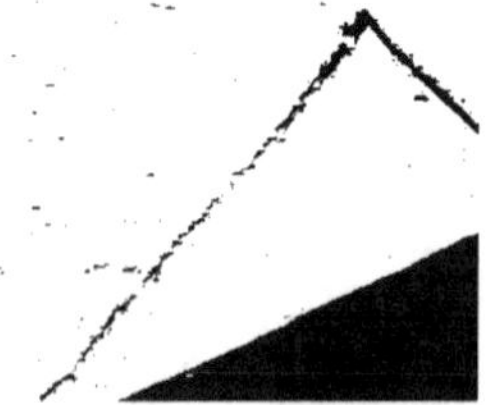

dans toutes les ames, dans tous les souvenirs.

La reine de Prusse appartenait à une de ces familles rares et privilégiées, que la nature se plaît à combler de ses dons, comme pour justifier les faveurs du sort. En parlant de S. A. R. le grand-duc de Mecklenbourg-Strélitz, frère de cette auguste princesse, Mme de Coislin disait : « Le grand-duc de Mecklenbourg réalise pour moi le personnage fictif de Grandisson. » En effet, c'est un des plus beaux et des plus nobles caractères dont le siècle puisse s'honorer. Ce prince réunit à toutes les vertus de son état, celles des conditions privées, et à toute la séduction d'un esprit supérieur, les solides avantages d'une instruction très-étendue ; enthousiaste du beau et du bon, il se montre protecteur éclairé des arts et des lettres ; et, comme si rien ne devait manquer à une organisation si parfaite, il possède cette politesse aisée et cordiale qu'on aime tant à trouver chez les princes. Pour bien des hommes, c'est une sorte de fardeau qu'une éclatante parenté ; pour le grand-duc de Mecklenbourg-Strélitz, rien n'était plus facile que d'être le frère de la reine de Prusse : leurs ames correspondaient par tous les points, tous deux pouvaient s'honorer l'un de l'autre.

Ce portrait est pris dans la vérité : de nos jours, non-seulement on ne s'avise guère de gâter les princes, mais il y a presque une sorte de courage à ne point nier leurs vertus.

LES DETRACTEURS
DE LA GLOIRE FRANÇAISE.

> . . . . . . *Cornu ferit ille, caveto.*
> Virgile, *Egl. IX.*
>
> Cet animal frappe de la corne ; prenez-y garde.

J'ALLAI, ces jours derniers, rendre visite à
M. B. P***, très-aimable homme ; il demeure
à une lieue de la *Grande-Millione ;* mais la course
ne dura que vingt minutes, le traînage dé-
joue les distances ; en hiver on est voisin de
tout le monde.

Le comte était cloué sur son lit de douleur :
dès qu'il m'aperçut, jetant son livre loin de lui,
il s'écria : « C'est le ciel qui vous envoie, venez me consoler ; je lisais ce maudit ouvrage, il
m'éveille d'un rêve sublime ; maintenant je suis

tenté d'allumer mon poêle avec le siècle de Louis XIV ; Voltaire était un enjôleur qui s'amusa de notre crédulité. L'auteur dont votre présence me délivre me paraît avoir un jugement plus sain, un coup d'œil plus juste, quoiqu'il envisage les objets de plus loin ; toutefois, je lui sais mauvais gré de détruire mes illusions françaises ; à mon âge on n'aime point à perdre celles qui nous restent. Ainsi, j'ai de l'humeur contre les deux historiens, contre le héros, contre tout le monde, excepté pourtant contre ceux qui ont la charité de venir nous voir ; je dis nous, parce que nous sommes deux dans ce lit : la goutte et moi. »

Etonné de cet *ex abrupto*, je pris le livre en question, et tout me fut expliqué. C'était l'*ouvrage de M. L****, et cet ouvrage n'est autre qu'un acte d'accusation contre le plus beau règne de notre monarchie. « Eh bien ! ajouta M. P***, le moyen, après avoir lu cela, de n'être point désabusé de votre Louis, soi-disant le Grand ! Désormais ce roi, dont nous honorions la mémoire, sera disgracié en Russie. Quant à moi, je ne l'aime plus. Cependant, comme votre pays me plaît fort, mes affections vont se

retrancher aux pieds de la statue du bon Henri
et près de son digne ministre, jusqu'à ce qu'un
de vos compatriotes vienne encore me déloger
de là, en me prouvant que le Béarnais était
un tyran et Sully un fripon. — Cher comte, j'arrive fort à propos pour rétablir dans votre esprit le plus grand de nos rois. Eh quoi! une
œuvre perfide de l'esprit de parti aurait-elle le
pouvoir de renverser vos vieilles admirations?
Cette promptitude à croire sur parole le dernier venu, me ferait soupçonner que la goutte
vous laisse sans défense devant l'erreur et le
mensonge. Aujourd'hui, plus que jamais, il faut
se prémunir contre les détracteurs de notre
ancienne gloire ; ce siècle voit se réaliser les
fabuleuses *harpies*, nous en sommes infectés ;
on veut tout salir et tout avilir ; il s'est élevé
une secte d'empoisonneurs publics chargés de
déprimer tout ce qui s'est fait depuis la naissance du monde jusqu'aux jours brillans de
1789. Cette secte ne respecte que la révolution
parce qu'elle fut son ouvrage, ou parce qu'elle
en profite. M. L... fait des dupes en envelop-
pant sa critique de formes assez polies, de quelques concessions pour mieux leurrer les imagi-

nations mobiles ; sous ce rapport, son ouvrage est plus dangereux qu'un libelle, car le poison y est mieux fondu. Cependant, je l'espère, cher comte, le piédestal sur lequel repose la statue du grand roi ne baissera pas d'un pouce devant cette lourde brochure, pas plus que son auguste image n'a été défigurée par les traits acerbes du caustique Saint-Simon. Voltaire nous parle du siècle de Louis XIV en écrivain patriote (hélas ! il ne le fut pas toujours) ; tandis que ce *gros livre* anti-français semble avoir été écrit dans une taverne de *Londres*, sous la dictée d'un gentleman étouffé de notre gloire. Cette époque, si chère à l'orgueil national, était évidemment au dessus des forces de l'auteur moderne ; Louis ne pose pas pour les artistes obscurs, c'est avec un pinceau large et brillant qu'il veut être peint : le règne d'un grand roi n'est passible que de la plume d'un grand écrivain ; l'ombre glorieuse de Louis a le droit de récuser un auteur médiocre.

» Je sais qu'un règne de soixante-douze ans est la plus redoutable épreuve que la Providence puisse infliger à un homme ; si, dans cette période colossale, on ne rencontrait point les fai-

blesses de l'humaine nature, il faudrait croire
à un âge d'or. Quelle est la monarchie, la ré-
publique, que dis-je? quelle est la famille dans
laquelle un regard scrutateur n'apercevra pas
des erreurs et des fautes? où sont les gouvernemens sans défectuosités? où est-il l'homme
sans tache? nous n'en nommerons qu'un, et cet
homme était l'homme-Dieu.

» A-t-il qualité pour bouleverser vos opinions,
celui qui, toujours armé d'une lunette démo-
cratique, s'en va épluchant les actes les plus
minutieux d'un grand pouvoir, en glissant légèrement sur les masses imposantes qui font l'il-
lustration de ce règne?

» Essayer de ternir l'éclat de nos plus beaux
jours est une tentative misérable : c'est s'ériger
en juge d'une chose jugée. L'Egypte traduisait
ses rois au tribunal de l'opinion, le lendemain
de leur mort, avant même que le corps fût
transporté dans sa fastueuse demeure. Mais quand
le torrent des années avait noirci la pierre des
pyramides, ces doyens de l'univers interro-
geaient-ils les cendres d'un roi pour remettre
en question son apothéose?

» Si la critique d'un gouvernement absolu était

une pâture nécessaire aux saintes indignations de l'auteur, ne devait-il pas en toute justice la préférence au gouvernement impérial , sujet brillant de jeunesse et de force, palette toute nouvelle qui prêtait à la fraîcheur du coloris. Et que diriez-vous, messieurs les Russes , si un des vôtres , résidant à Paris , essayait de noircir les augustes mémoires de Pierre-le-Grand et de Ca-therine-la-Grande ; s'il parvenait aussi à nous désillusionner de ces couronnes immortelles ? Y aurait-il sûreté pour ce transfuge de vos gloires, lorsque, n'ayant point le sentiment de son indignité, il oserait rentrer au milieu de vous ?— Il n'y rentrerait point, reprit le comte avec véhémence et en se redressant sur son lit, tout accès lui serait fermé , moins par le souverain outragé dans ses ancêtres que par l'opinion publique ; l'honneur national, debout sur les frontières, lui barrerait le chemin de sa patrie , de sa maison et de ses dignités. — Ah ! j'ai touché la corde sensible; ce que c'est que d'attaquer les gens dans leur propre intérêt ! Hélas ! chez nous la fureur des partis éteignit le vrai patriotisme; cette vertu disparut bientôt d'un sol dont les malheurs publics firent une arène; maintenant, libre à tous de tout flétrir ; l'écrivain qui souille les plus belles pages de notre histoire, celui qui dit à l'Europe : « N'admirez plus ce que vous admirâtes, votre enthousiasme est ridicule, on vous trompa, toutes les grandes époques de la monarchie française ne sont que des monumens d'esclavage et de honte. » Cet écrivain conserve ses places, ses prôneurs, ses amis et sa tranquillité ; le sentiment du mépris s'est éteint comme toute chose, et nous ne savons plus nous indigner. — Vous me prouvez le contraire, tubleu, quelle colère ! elle est toute française, je sens qu'elle me gagne. Allons, la nuit porte conseil, elle dissipera peut-être les fugitives impressions de ma lecture, et demain je me réveillerai aussi *Louis quatorzien* que vous. — Je l'espère ; mais pour prévenir toute rechute, je vous condamne à de légères pénitences, comme le ferait un confesseur indulgent, ou à des remèdes d'un bon goût et d'une jolie couleur, comme ceux des médecins à la mode. — Ah ! j'entends, vous voulez m'administrer le contre-poison. — Précisément ; relisez le *Siècle de Louis-le-Grand*, les *Lettres de Mme de Sévigné* ;

entremêlez cela du *Tartuffe*, du *Misanthrope* et
des *Femmes savantes ;* joignez-y quelques fables
de La Fontaine, relevées par les chefs-d'œuvre
de Corneille et de Racine ; le soir, après *l'An-
gelus ,* prenez une forte dose de Bossuet, Mas-
sillon et Bourdaloue, n'oubliez pas les *Caractères de La Bruyère ,* et lorsque votre imagination
sera convalescente, faites-la voyager ; qu'elle
suive le Grand-Condé dans ses rapides victoires ;
qu'elle admire les vertus des Turenne et des
Catinat, plus éclatantes encore que leurs hauts
faits ; qu'elle s'arrête un peu devant la grâce et
l'amabilité des La Fayette, des La Sablière, etc.;
qu'elle parcoure les galeries remplies des chefs-
d'œuvre de Le Sueur, de Lebrun, du Poussin,
qu'elle se repose sous les ombrages de *Le Nôtre,*
après avoir contemplé les immenses créations de
Mansard ; enfin, pour dissiper tous vos nuages, groupez ces grands capitaines, ces grands
poëtes et ces grands artistes, ces orateurs sacrés, ces magistrats vertueux et ces femmes
aimables, autour du roi créateur de toutes ces
gloires, de celui qui partagea , avec Périclès,
Auguste et Léon X, le rare privilége de donner

son nom à son siècle; puis, cher comte, relisez, si vous en avez le courage, cette énorme brochure, je ne la craindrai plus. — Certes, vous aviez raison de vous comparer à un médecin; c'est un traitement tout entier que vous m'imposez là. — Pourquoi pas? l'esprit, comme le corps, n'a-t-il point ses maladies? le vôtre doit être mis au régime. »

Là-dessus je partis, laissant le comte P... qui riait, et moi, déjà, je ne riais plus; je gémissais, au contraire, de la funeste propagation d'indignes ouvrages courant jusqu'aux extrémités du monde pour désenchanter de notre belle France l'élite des nations. Je compare ces écrivains à d'avides spéculateurs fournissant des cargaisons d'armes aux ennemis de la patrie. Hélas! quand viendra le tems où, lassés de divisions *et d'opinions*, on se replacera sous l'empire des bienséances nationales dont s'honorent les autres peuples? Nous voilà donc réduits à les prendre pour modèles! il n'en fut pas ainsi sous le règne qu'on veut rabaisser. Quel écrivain, chez les autres nations, au sein de sa patrie, oserait flétrir la mémoire des trois

Gustave, de Pierre Ier, des deux Catherine, de Frédéric, de Marie-Thérèse, de Joseph II, du roi Poniatowski, etc., etc., etc. Le noble orgueil du pays place au dessous de ces augustes images la devise de la couronne de fer : « Malheur à qui la touche. »

LA DILIGENCE ET LA PETITE POSTE.

> Là, des vieilles erreurs l'amas s'évanouit.
> DELILLE.

LE départ d'une diligence est, chez nous, l'événement le plus ordinaire ; à peine le badeau ou le plus grand musard daigne-t-il honorer d'un coup d'œil cette machine colossale lorsqu'elle passe près de lui ; mais ici on ne s'était point encore avisé de voitures publiques, et bien des gens croyaient cette innovation impossible. L'établissement d'une diligence faisait donc événement, cela causait une sorte d'agitation dans les esprits, tant l'attrait de la nouveauté exerce de puissance sur les oisifs d'une grande ville.

Au moment de partir pour Moscou, dans l'hiver de 1821, je cherchais un compagnon de voyage, lorsque j'appris que le jour du départ

de la diligence coïncidait avec mes projets.
Charmé d'échapper aux chances d'association
avec un inconnu, je m'empressai de retenir
une place, et mon nom fut le premier inscrit sur
le registre de la nouvelle administration. A sept
heures, je me rends au bureau, et bientôt après
je le quitte pour prendre place dans la voiture ;
le thermomètre marquait six degrés au-dessous
de glace, ce n'était qu'un tems frais. Quelle fut
ma surprise, lorsque je vis dans la cour une assemblée non-seulement fort nombreuse, mais
très-choisie : ministres, sénateurs, aides-de-
camp de l'empereur, chambellans, s'étaient
donné rendez-vous pour assister au départ de la
voiture ; dans la rue, même affluence : tous les
regards se portaient sur les voyageurs.

En ma qualité de premier inscrit, je fus appelé le premier. Chacun m'adressait la parole :
« Bon voyage, Monsieur ; vous trouvez-vous
bien dans cette voiture ? — Parfaitement, mon
prince. » Un autre : « Vous serez content de
Moscou ; il n'y a plus vestige d'incendie. » Et
celui-là : « A votre retour en France, vous ne
pourrez pas dire qu'il n'y a point encore de diligence chez les barbares du Nord ? — Non, mon

général, je dirai seulement que ces élégans barbares aimèrent mieux, jusqu'à présent, voyager commodément en poste que péniblement en diligence. » Ce dernier : « Ah! je vous en prie, offrez mes hommages à la belle Mme Elise *Potiemkim.*—Je n'y manquerai pas. » Enfin les questions cessent, et le voyage commence. Nous partons comblés des bénédictions de l'assemblée, et escortés d'une douzaine de traîneaux : attention délicate de MM. les actionnaires, qui nous firent leurs tendres adieux à deux ou trois werstes de la ville. Nous entrâmes dans Moscou, après soixante-douze heures de marche. La distance est de sept cent vingt werstes (cent quatre-vingt lieues). On ne peut pas dire que ce fut la diligence embourbée ; il est vrai que le traînage était magnifique. Cette entreprise réussit parfaitement ; les actions augmentent, et déjà une autre voiture s'organise pour Riga. C'est à merveille ; la Russie possède enfin des voitures publiques.

Mais Pétersbourg reste en arrière pour une petite poste ; cette institution manque à une population de quatre cent mille ames : il paraît même qu'il faudra la mûrir encore trente ou quarante ans avant de la naturaliser. Elle serait cependant de première nécessité dans une ville où les commissionnaires de coins de rues n'existent point. Les seigneurs sont peu sensibles à cette privation, parce qu'ils ont un nombreux domestique; mais le commerce, la petite propriété doivent la trouver très-amère, et les étrangers encore plus, d'autant mieux que presque jamais les lettres portées ne sont reçues par les domestiques des maisons où l'on ne va point habituellement. Cet usage est si bizarre, que je refusais d'y croire. Un jour, mon domestique me rapporta une lettre que les gens avaient refusée. Je me dis : « Bon! voilà une nouvelle expérience à faire; j'irai moi-même, peut-être ma figure de maître rendra-t-elle cette valetaille plus traitable. » Ils étaient quinze dans l'antichambre; toutes les mains se retirèrent devant ma lettre, comme si j'eusse été porteur d'un arrêt de mort. Je renouvelai cette épreuve avec le même succès : l'usage est si général, que tout le monde prend la précaution de mettre son nom au bas de l'adresse des lettres qu'on expédie.

J'ai cherché à m'expliquer cette coutume iro-

quoise ; les mauvaises langues assurent qu'elle
prend sa source dans la crainte des réclama-
tions et des mémoires de créanciers. Je crois
aussi que les Russes, naturellement supersti-
tieux, et redoutant les émotions pénibles, aiment peu à recevoir des lettres, parce qu'elles
suivent les chances de la vie, et que, sur dix,
il y en a cinq ou six de désagréables. En les
repoussant, ils croient éloigner les contrariétés
ou le malheur. Quoi qu'il en soit, une coutume
si contraire à toutes les idées reçues doit frapper
de langueur les relations, et froisser une foule
d'intérêts. Rien ne serait donc plus urgent qu'une
petite poste dans les deux capitales russes ; Dieu
sait quand elle s'établira.

Un autre travers, qui se prolongera davantage parce qu'il tient à la législation des bienséances, et celle-là n'est pas dans les attributions du gouvernement, c'est la manie de ne
point répondre. Les Russes, pleins d'activité
pour les choses qui leur plaisent, ont une pa-
resse insurmontable pour tout ce qui ne leur
plaît point. Or, c'est un ennui, une fatigue de
répondre ; ils trouvent donc très-commode de
s'en exempter. Cependant une lettre est comme

un coup de chapeau, il faut riposter, sauf à
passer pour un impertinent ou pour un Hotten-
tot. Généralement ce tort se pardonne mal; on
le garde long-tems sur le cœur, parce que rien
n'est plus blessant. Comme les mauvaises habitudes sont d'une nature contagieuse, beaucoup
de nos chers compatriotes se mettent ici à l'u-
nisson des Russes. Au surplus, n'accusons pas
seulement ce pays d'un manque de savoir-vivre
qui se propage avec l'égoïsme et la sécheresse
des ames ; dans notre France moderne, que de
gens s'indignent avec raison du silence d'autres
gens ! Il faut le dire, cette grossièreté devient
encore plus choquante sous un gouvernement
constitutionnel, où tous les hommes bien élevés
se doivent les mêmes égards. Quelle que soit
leur position dans le monde, j'ai pris l'engagement d'écrire avec impartialité ; je dois donc
dire que dans ce pays, où les habitans sont fort
hospitaliers, le gouvernement l'est fort peu ; il
ne s'occupe pas du tout des étrangers, et ne fait
rien dans leur intérêt. Aussi ces derniers vien-
nent-ils rarement à Pétersbourg, s'ils n'y sont
attirés par des projets de spéculation. Cette
ville est sans contredit la plus belle de l'univers

par sa jeunesse et sa régularité : on devrait accourir de tous côtés pour la voir, mais personne ne se presse; rien n'est moins commun que de rencontrer ici des voyageurs conduits par la seule curiosité. Les monumens publics et les musées ne sont point ouverts aux étrangers ; on ne les admet que par billets , comme tout le monde. Cependant, à qui les demander, ces billets ? comment s'y prendre ? il faut un long usage du pays pour avoir le secret de tout cela: c'est une affaire, une combinaison! on renonce bien vite à un plaisir hérissé d'obstacles. J'ai vu des gens partir sans connaître l'Hermitage, ce qui leur donnait beaucoup d'humeur. Qu'arrive-t-il? c'est qu'on emporte d'un pays une idée mesquine et un sentiment d'aigreur qui vous rend injuste ; ce sentiment, on le fait partager aux autres, et tout cela enlève à la Russie de l'argent et de la considération.

J'ignore si les aubergistes font fortune ; mais je sais bien que rien n'est plus mal tenu que leurs maisons, plus dénué du confortable et de l'élégance des hôtels de Paris. En revanche on y est logé très-chèrement, ce qui est assez simple : ceux qui viennent doivent payer pour tous ceux qui ne viennent point. Il n'y a ici que trois grands hôtels garnis : celui de *Londres*, celui de *Paris* et celui de *Demouth*. Nos villes d'arrondissement en ont deux fois plus, et qui sont trois fois meilleures. Si on veut s'affranchir de la déplaisance et de la cherté des auberges, on éprouve mille difficultés pour se caser; le prix des loyers est scandaleux; ceux de mille francs, sans meubles, ne sont point honorables, et il faut tripler cette somme pour être logé décemment. On attribue cette cherté et cette rareté des logemens à la manie envahissante de la couronne; elle achète sans cesse et bâtit partout; les casernes occupent à elles seules une partie des plus beaux quartiers, et les administrations brochent sur le tout.

A chaque coin on rencontre une maison du gouvernement; les bureaux surabondent, on paperasse ici comme chez nous; on estime à cent millions de roubles les immeubles de la couronne; si cela va en se perfectionnant, il n'y aura bientôt de place ici que pour la cour, les soldats et les commis. Auguste, qui gouverna le monde avec cinquante secrétaires, reculerait d'effroi devant cette nuée de scribes chargés d'embrouiller la question et de dévorer les états modernes.

De quelque point qu'on arrive à ce bout du monde, on est resté dans sa voiture quinze ou vingt jours, c'est le moins. Harassé de fatigue, la première demande qu'on fait est un bain. Il ne faut pas croire qu'il s'en trouve dans le voisinage : après une course éternelle, qui vous mène à une extrémité de la ville, on arrive aux bains *Polta-raski* ou à ceux de *Gagarin Pristan*. On est introduit dans une chambre : bon Dieu! quelle chambre! Les taracanes (espèce de scarabées) et les cloportes tapissent les murs; on trouve une baignoire sale et un garçon de bain plus sale encore; il faut que l'attrait de l'eau soit bien puissant pour que, bravant cet odieux entourage, le voyageur consente à se baigner; je n'eus point cette force d'ame. Quand tout fut prêt, je remis ma redingote, et, déposant deux roubles et demi sur la table, je sortis sans dire mot; le garçon dut croire que mon médecin m'avait prescrit de regarder remplir la baignoire et de m'en aller; singulier traitement!

Si ce même voyageur, traversant l'une des deux ou trois places de fiacres qu'offre cette

immense ville, s'approche du cocher et lui met sa montre sous le nez, celui-ci se prend à rire, car il n'entend rien aux courses à l'heure ni à celles de *trente sous*. Tout est arbitraire ; quinze minutes peuvent coûter aussi cher que trois heures ; une voiture ne quitte point la place à moins de cinq ou dix roubles , c'est le *minimum* des prétentions. Aussi la destination spéciale de ces fiacres est-elle moins pour la ville que pour les campagnes ; souvent, dans l'hiver, les cochers rentrent chez les maîtres sans avoir étrenné, et les entrepreneurs sont les dupes de cette sotte obstination, ce qui ne les corrige point. Le général grand-maître de police n'a jamais pu plier les cochers aux usages des autres capitales. Les droschki sont plus accommodans ; mais quelles voitures! il faut être né en Russie pour ne pas les trouver odieuses.

Le peu de restaurateurs qu'on trouve sont fort mauvais, ou d'une cherté inabordable ; les cafés, rares et déserts. Un Français qui voulut *élégantiser* le sien, se ruina dans cette entreprise : ici, l'étranger a tout à combattre. Cependant Pétersbourg n'est point une ville comme une autre ; elle ne se rencontre sur le chemin

de personne ; il faut venir la chercher si on
veut la voir. Il est donc naturel de désirer qu'il
entre dans les vues du gouvernement de choyer
un peu plus les voyageurs curieux ; je voudrais
qu'on eût pour eux, sans qu'il en coûtât un
kopek au trésor, ces attentions qui rendent le
séjour d'un pays nouveau moins difficile. On
ne crée point une capitale fastueuse pour les
seuls beaux yeux des naturels du pays ; on ne se
fait pas si beau pour rester en famille. Le luxe
des arts appelle les admirations lointaines, et
quelle que soit la modestie d'un souverain, lorsqu'il se condamne à de grands sacrifices d'argent,
il désire que la renommée paie les intérêts.

Pourquoi quelques-uns de ces mille employés
superflus ne seraient-ils pas chargés de distri-
buer, sur la présentation du passeport, des
billets pour tous les musées et établissemens
publics? Pourquoi n'en donnerait-on pas aussi
lors des grandes solennités, des fêtes extraordinaires de la cour, enfin pour toutes les cérémonies remarquables *. Je connais beaucoup de

---

* La Salle blanche, où se donnent les grands bals de
cour, offre dans le haut une immense galerie où peu-

gens qui, dépourvus d'intrigue dans les grandes choses, n'ont pas plus d'adresse pour obtenir les petites faveurs : on renonce à un intérêt frivole s'il se complique comme une affaire sérieuse.

L'autre jour, je me présentai avec un Russe, à l'Hermitage; nous n'avions pas de cartes. Nous nous trouvâmes en face d'un employé supérieur qui n'est pas Russe ; il nous demanda d'un ton rude si nous avions nos billets. « Non, Monsieur, répondis - je ; mais nous comptions sur le bonheur de vous rencontrer. » Le gracieux personnage ne répondit rien. J'allais sortir avec toute la reconnaissance que méritait un accueil si plein d'urbanité, lorsqu'un Français, employé dans ce musée, nous fit ouvrir toutes les portes, voulant sans doute nous dédommager de l'âpreté de son collègue. A Paris, vous entendez continuellement cette phrase : « Monsieur, on n'entre pas. — Mais, je suis étranger. — Ah! Monsieur, c'est différent ; entrez. »

vent se placer les personnes non présentées; mais, par une inexplicable bizarrerie, les hommes en sont exclus.

On trouve aussi, à Paris, cet avis placardé ou inséré dans les journaux : « Le ..... sera fermé pendant tels jours de la semaine, excepté pour les étrangers. » Voilà du savoir vivre dans les hommes chargés du ministère des arts et des sciences. Cette branche de civilisation moderne ne saurait se montrer trop libérale, elle est le domaine de tout le monde, le lien de toutes les nations ; aussi l'Europe afflue-t-elle chez nous, tandis qu'on ne visite guère plus Pétersbourg que Pékin. Enfin les habitans sont très-hospitaliers, mais le gouvernement est d'une nature peu accueillante ; les étrangers les plus modérés s'en plaignent. Rien n'est créé dans l'intérêt du voyageur, ni dans celui des fortunes modestes.

— N° LIX. —

LES MAITRES-D'HOTEL.

———

Du maître, quel qu'il soit, peu, beaucoup ou zéro,
Le valet fut toujours et le singe et l'écho.

PIRON, *L'Ecole des Pères*, act. II, sc. 3.

———

IL est difficile d'échapper à d'étranges mé-
prises sur un terrain où la rapidité des fortunes
et l'amour du luxe, dans les états les plus modestes, fait prendre à beaucoup de gens une
physionomie et des poses fort au dessus de leur
profession. Dans les premiers jours de mon arrivée ici, j'envoyai chercher au bureau du théâtre
impérial le n° 11 d'une chaise de parterre,
moyennant deux roubles et demi. Cette précaution est très-commode ; quelle que soit l'heure où
l'on arrive, on est sûr d'être placé. Un valet
de la cour, en livrée écarlate, examina ma

carte et m'introduisit en me désignant la chaise
que je devais occuper. A droite et à gauche, se
trouvaient deux messieurs vêtus avec recherche,
frisés, poudrés, ayant enfin des figures et un
maintien qui annonçaient l'habitude du com-
mandement. Ils causaient en français : ma présence n'interrompit point le dialogue. « Demain,
disait l'un, j'ai à dîner cinq sénateurs. — Et
moi, disait l'autre, mercredi prochain, j'en
traite dix, sans compter bon nombre de généraux, colonels et conseillers d'état. Le soir nous
entendrons Mme *Borgondio* et un célèbre har-
piste de Vienne. » Voilà, pensais-je, deux
membres du sénat dirigeant ; ce voisinage est
heureux pour un nouveau débarqué. Je me
permis de leur adresser quelques questions sur
l'illustre compagnie sénatoriale, ils me répon-
dirent vaguement ; et, par une transition assez
brusque, revenant à la science gastronomique,
ces messieurs la traitèrent avec une profondeur
qui m'étonna. « Une des plaies de la Russie,
disait gravement le plus âgé, c'est l'absence du
poisson de mer. Pourquoi nos eaux sont-elles
si froides ! Un autre inconvénient, c'est le peu
de variété du gibier : nous ne sortons pas de la

gélinote et du coq de bruyère ; c'est fort bon, assurément, mais cela ne vaut ni les bartavelles, ni les grives et les cailles, ni le gibier d'eau. Quant au poisson, toujours le saumon, le soudac et le sterlet... Cela donne à nos repas une monotonie désespérante. — Et quoi de plus calamiteux, reprit l'autre, que le défaut de saveur dans nos légumes ? Les artichaux, les petits pois, les asperges, etc., ont bien la forme et l'apparence qu'ils doivent avoir, mais quant au goût, au parfum, *bon soir*, ce n'est plus cela ; l'art n'y peut rien, fût-on un Robert, un Beauvillier, un Méot. — Messieurs, leur dis-je en cherchant à quitter la table, les attributions du sénat sont-elles législatives aussi bien que judiciaires ? — Monsieur, je ne puis vous instruire à cet égard ; tout ce que je sais, c'est que nos messieurs exercent également bien les deux fonctions essentielles lorsqu'on est à table, c'est-à-dire le manger et le boire. » A cette réponse tant soit peu incivile, je pensai que mes voisins se tenaient sur la réserve avec un étranger, et je cessai mes questions, tout en me disant : « Voilà deux sénateurs bien gourmands. Si le corps entier leur ressemble, il est malheureux que le turbot ne se pêche point dans le golfe de Finlande, l'empereur ne serait guère en peine d'obtenir une délibération sur la sauce. »

Entre les deux pièces, ces deux messieurs sortirent, et je me mis à causer avec un architecte dont la chaise était derrière la mienne. Je le priai de me dire quels étaient les deux personnages dont je viens de parler. « Ce ne sont point des personnages, me répondit-il, mais deux maîtres d'hôtel français, placés chez des gens fort riches. L'un a quarante mille roubles de rente en bons pignons sur rue; l'autre n'en a que vingt-cinq mille, mais il atteindra le confrère, car il va très-vite en besogne.

» Ne vous étonnez point, me dit-il en voyant ma surprise. Ici la plus florissante branche d'industrie, pour les Français, c'est la cuisine. Les Russes opulens ne s'inquiètent guère si leurs cuisiniers ou leurs maîtres d'hôtel ajoutent annuellement vingt ou trente mille roubles aux appointemens fixes. Cette honnête friponnerie est pour ainsi dire passée en usage; on la regarde comme une des charges de la grande propriété. On sait que jamais un *véritable artiste* ne consentirait à s'expatrier et à se

brûler le sang sur des fourneaux russes, pour le
chétif attrait de trois ou quatre mille roubles
par an. Si un maître s'amusait à épier les sauts
de l'anse du panier, son chef le quitterait, et
n'achèverait pas même les quinze jours de service. Placé entre l'alternative, ou de mal dîner,
ou d'être bien volé, on préfère cette dernière
chance ; seulement, on exige que le délinquant
n'abuse pas trop de sa position, et n'excède point
les profits de son prédécesseur. En Angleterre,
lorsqu'on monte en voiture, on fait la part des
voleurs; ici, on évalue le supplément arbitraire
des gages du chef, mais on ne veut point le
dépasser. Aussi, messieurs les cuisiniers se
disent-ils entre eux : « C'est une maison de
dix, vingt, trente ou quarante mille roubles. »
Le tarif est établi, tout cuisinier qui s'y conforme scrupuleusement se fait une bonne renommée. Un d'eux, qui désirait vivre en paix
avec sa conscience, me disait : « Je fais les
provisions, puis je les vends à monsieur pour
un prix raisonnable. Qu'il aille lui-même au
marché, on lui vendra très-respectueusement le
double du prix auquel j'achète ; si je ne prends
que moitié plus, il fait donc une bonne affaire. »

Cette capitulation de conscience n'est-elle pas remarquable?

Cependant on voit quelques humoristes qui, ne voulant point se plier à ces conventions tacites, font un abonnement avec le *cuisinier*; on stipule le nombre des plats et l'ordre du service; le cas des repas extraordinaires est aussi prévu. Moyennant cet arrangement, le cuisinier n'a plus ses coudées franches; son industrie ne s'exerce qu'aux dépens de l'appétit ou de la recherche des mets : j'ai remarqué qu'on dîne assez mal dans les maisons soumises aux abonnemens.

Je connais un homme fort riche, mais encore plus avare, qui, comme de juste, s'est abonné. Le matin, il dit très-positivement qu'on dînera en famille; à l'heure des visites, la manie de retenir du monde prend le dessus; voilà six personnes sur lesquelles le cuisinier ne comptait point; le malin harpagon a concilié son avarice et son désir de paraître honorable; mais les convives, en sortant de table, pourraient aller dîner ailleurs, ce qui est très-possible dans un pays où l'on dîne depuis deux heures jusqu'à six.

Mais si les cuisiniers et maîtres d'hôtel font
d'immenses bénéfices, en revanche ils vivent
grandement ; la plupart soignent plus le présent
que l'avenir, et chez nos colons cette remarque
s'étend à presque toutes les industries. Catherine disait : « Je paie mieux les Français que
les Allemands, parce que les premiers dépensent
chez moi tout ce que je donne, et que les autres
emportent chez eux plus que je ne leur ai
donné. »

Allez passer une soirée d'hiver chez un de
nos riches maîtres d'hôtel ou cuisiniers, vous
trouverez une file de voitures devant la porte;
entrez dans le salon, douze tables de jeu éclai-
rées aux bougies charmeront vos regards ; vous
verrez les deux battans de la porte s'ouvrir pour
une dame, et un seul pour les hommes ; vous
serez frappé de la richesse du mobilier, de la
variété des rafraîchissemens et du haut prix de
la fiche. Pendant une demi-heure, il ne tiendra
qu'à vous de vous croire chez une *excellence ;*
mais bientôt surviennent des expressions équi-
voques, un *pataquès*, un geste trivial qui détruit
l'illusion. L'hiver, on se donne loge au spectacle, et l'été, maison de campage ; dans les bel-

les soirées de la belle saison, on s'élève jusqu'au
feu d'artifice le jour d'anniversaire de monsieur
et de madame. Un bel esprit fait des couplets, il
les chante avec émotion ; de là des attendrisse-
mens auxquels succèdent de bons gros rires ;
puis arrive l'orchestre, on danse ; le souper est
servi à une heure ou deux. Toutes ces singeries
sont parfaitement exécutées ; on veut se donner
en petit ce que les maîtres se donnent en grand,
et assez ordinairement on choisit le lendemain
d'une noble fête pour jouer la petite pièce ; il y
a économie dans cet arrangement. La plupart
des fruits, des bonbons, des glaces et autres
douceurs sont fournis par les rogatons de la
veille, ce qui n'empêche pas qu'on ne dépense
beaucoup. Ce luxe ajourne indéfiniment les joies
du retour : la grasse métairie qu'on se proposait
d'acheter dans le royaume d'Yvetot, s'évapore
en fumée. L'âge arrive, on *perd sa main*, et on
s'estime heureux de faire la cuisine modeste
d'un conseiller de cour, qui a le mauvais ton de
ne pas vouloir être volé. La fable de la gre-
nouille trouve ici mainte application. Lors de
mon séjour à Moscou, je demandai à une marchande de modes si elle irait voir une représen-

tation extraordinaire qu'on donnait ce jour-là.
« Hélas! non, me répondit-elle d'un ton précieux, *mes femmes* sont malades, cette contrariété me cloue à la maison *. » A Paris, il faut
remonter assez haut pour trouver les dames qui
disent *mes femmes*. J'ai vu encore à Moscou un
jeune professeur de piano, courir le cachet dans
une voiture à quatre chevaux, et ayant un domestique aux six collets galonnés en or. Sa re-
cette journalière s'élevait à cent cinquante roubles; la voiture lui coûtait 18 francs par jour :
passe encore pour cette dépense, mais les collets
galonnés!!

Les ouvriers à la mode font d'immenses bénéfices, c'est au mieux; mais ce qui est moins
bien, c'est leur extrême suffisance. Un jour je
me trouvai avec plusieurs personnes chez le
comte Pierre; un tapissier français très en vogue
vint prendre les dimensions pour l'ameuble-
ment d'un cabinet : le comte voulait que tout fût

---

* Cette même marchande de modes disait à sa première fille de boutique : « Sophie, recevez ces dames;
peut-être me feraient-elles beaucoup parler sans rien
acheter : je ne me sens pas ce courage-là aujourd'hui;
dites-leur que je souffre horriblement des nerfs. »

terminé dans l'espace d'un mois. L'ouvrier répondit que cela était impossible. On insista. « Vous l'exigez absolument, reprit le tapissier; eh bien! M. le comte, vous l'aurez, mais je vous avertis que cela sera fait *à la russe.* » Cette naïveté amusa beaucoup tout le monde : ici on ne prend jamais en mauvaise part ce qui fait rire.

Dernièrement un seigneur russe revint de Paris avec un valet-de-chambre auquel il donne quinze cents roubles de gages : ce domestique est un vrai valet de comédie. Hier, son maître me l'envoya : je lui fis compliment sur sa bonne tenue et la beauté de son linge; je voulais le faire jaser ; sa figure me promettait quelques saillies. Le pasquin me répondit : « Ce sont les chemises de mon maître , je n'en porte pas d'autres quand *je vais dans le monde;* je mets souvent un de ses fracs; pourquoi non? il me les donne au bout de quatre mois : faut-il bien les apprivoiser à ma taille, il n'est pas défendu de prendre des à-comptes sur sa future propriété. »

Un maître d'hôtel, à la veille de s'embarquer pour la France, me disait avec une admirable simplicité : « Monsieur, j'ai éprouvé toutes sortes de malheurs : après dix ans de peine et de travail, je n'emporte avec moi que quatre-vingt mille roubles ; cependant je n'ai pas fait comme mes confrères, j'ai été sage, point de *représentation*, point de luxe ; mais ce qui me rassure, c'est que je suis bel homme. Chez nous je trouverai facilement une femme qui m'apportera en mariage une somme égale à ce que je possède ; j'ai des goûts très-simples, avec cent soixante mille francs nous vivrons fort bien. Dernièrement j'ai eu l'idée, tout en remplissant les devoirs de ma charge, de faire des confitures par spéculation ; elles me revenaient à un rouble et demi la livre, et je les vendais huit roubles : à ce prix *on se retire*, mais il fallait y penser plus tôt. »

Ainsi le sceptre des fourneaux vaut quelque chose dans ce pays ; les gens d'un talent supérieur, qui peuvent travailler à la cour, volent à la fortune bien plus vite. Quel que soit l'ordre établi dans ces grandes demeures, les maîtres-d'hôtel, cuisiniers et valets-de-chambre font de gros bénéfices, grâce à certains abus auxquels leur ancienneté donne force de loi. Par exemple, toutes les bougies appartiennent aux valets-de-chambre, n'eussent-elles servi que dix minutes : un grand-maître de la cour offrit aux serviteurs qui partagent ce profit une somme énorme pour les faire renoncer à ce droit; ils refusèrent le marché. Un ancien usage des palais impériaux est aussi d'abandonner les desserts aux valets : dès que les augustes convives disparaissent, on se précipite sur les fruits et sucreries avec une avidité qui a quelque chose de scandaleux; plusieurs fois on essaya de réformer cet abus, mais la coutume résiste aux ordres les plus sévères. Un des réformateurs s'emporta un jour contre les plus pressés, quelques soufflets furent distribués; cela n'empêcha pas que le lendemain on vit les choses reprendre leur cours. Le grand-duc Constantin, fort jeune alors, appela cette journée *la journée des tapes.*

LE REGNOMANE.

Petere imperium quod inane est, nec datur unquàm,
Hoc est adverso nixantem trudere monte
Saxum, quod tamen à summo jam vertice rursùm
Volvitur, et plani raptim petit æquora campi.

Lucrèce, liv. III.

Poursuivre un sceptre chimérique qui se dérobe à nos vœux, c'est avoir le sort du malheureux Sysiphe, roulant jusqu'au sommet d'une montagne un rocher qui lui échappe et retombe dans la vallée.

Je suis toujours à l'affût des caractères frappés d'originalité ; je mets dans cette recherche l'opiniâtreté d'un chasseur qui explore un canton presque sans gibier, comme le sont maintenant nos plaines de France, grâce à la coupable impunité du braconnage.

Aujourd'hui ma chasse a été des plus heureuses ; en rentrant chez moi, j'avais dans ma gibecière le comte L..... C'est une pièce rare, on va en juger.

Ce personnage est un seigneur moitié russe ,
moitié polonais; ses domaines sont situés sur la
frontière des deux pays , mais par l'effet d'une
négligence qui se perd dans la nuit des tems , les
limites ne furent point déterminées. La question
reste flottante , et peut-être le monde finira-t-il
sans qu'on sache à qui appartient le comte
L..... Aux époques où les nations se faisaient
la guerre pour le plus léger motif , ses ancêtres
et leurs douze mille arpens de terre auraient pu
devenir le sujet d'une lutte sanglante; l'indé-
cision et l'indifférence des deux gouvernemens
pour ce petit patrimoine contribuèrent à donner
au comte un caractère d'indépendance qui s'é-
lève souvent jusqu'à des idées de souveraineté.

Quel dommage que l'aveugle fortune n'ait
pas disposé en faveur de M. L....... d'un petit
trône sans conséquence! Il eût certainement ré-
gné très-convenablement , car il est le meilleur des hommes, toujours occupé du bonheur
de *ses sujets* : mais malheureusement ses moyens
sont en disproportion avec son désir de multi-
plier les faveurs.

Sa pensée dominante est de régner, comme
celle de don Quichotte était de faire de la che-

valerie. Confiné dans une solitude, entouré d'un grand nombre de vassaux, sa tête s'est montée au diadème, et à la représentation d'une petite cour ; personne ne songe à le contrarier, son innocente folie ne donne d'ombrage à aucune grande puissance.

Mais le désordre dans les finances, cette plaie vive de tous les empires, ronge les états du comte ; c'est l'unique cause de l'obscurité dans laquelle ce monarque languit. Hélas ! que ne m'est-il donné de le produire au grand jour, de lui assigner un rang dans l'*Almanach royal!* le comte fut souvent un commencement de roi, mais cela ne s'est jamais soutenu. Au moment où il touchait le but, la couronne glissait de son front.

Par exemple, il créa un hôtel des monnaies ; on frappa des pièces de cuivre. « Si on ne fait pas mieux, disait le comte, c'est qu'on attend des lingots pour confectionner les pièces d'or et d'argent. » Les nouveaux sous représentaient, tant bien que mal, le monarque, et comme, depuis des siècles, on porte toujours le même prénom dans la famille, la monnaie portait le nom de Ladislas LVIII. Il y avait deux ou trois centaines

de livres en circulation lorsque les travaux de
l'hôtel furent interrompus, faute de matières.

Ce seigneur se console bientôt d'un mécompte,
parce que la roue de ses illusions ne s'arrête jamais. Un jour, il accorda bon nombre de petites
pensions *sur la liste civile*, car toutes les déno-
minations sont prises dans le vocabulaire royal ;
grande joie chez les sujets du comte , ce n'était
qu'un cri reconnaissant d'un bout de l'empire à
l'autre. On paya très-exactement les deux premiers douzièmes, mais au troisième mois le con-
trôleur général, c'est-à-dire l'intendant, déclara
que les caisses étaient vides. Eh bien! les pensionnaires ne se chagrinèrent pas trop, habitués
qu'ils étaient à une continuelle alternative de
bienfaits et de déceptions.

Quelque tems après, le comte se donna le
rêve dispendieux d'une petite armée. On fit des
enrôlemens, on créa un état-major, toutes les
armes furent représentées en miniature dans ce
corps grotesque; infanterie, cavalerie, artillerie,
génie, rien n'y manquait ; chaque régiment, au
complet, se composait de trente hommes. Le
souverain passa des revues et distribua des faveurs; mais bientôt, faute d'argent, on licen-

cia l'armée, tout fut rétabli sur un pied de
paix.

Le comte ne se découragea point, il remplaça
son armée par une troupe de chanteurs italiens.
Un chargé d'affaires fut envoyé à Milan et à
Florence : dans l'espace de six mois, cet agent
ramassa les rebuts de quelques nouvelles troupes
ambulantes, et revint chez son maître avec dix
acteurs. Le soir où la nouvelle salle (qu'on avait
bâtie pendant la négociation) fut inaugurée, et
où le comte arriva dans sa loge, entouré de toute
sa cour, il semblait plus heureux que Louis-le-
Grand dans les jours de sa jeunesse et de sa
gloire. Malheureusement le théâtre n'étant pas
entièrement couvert, un orage survint, l'eau
tombait sur *la comédie*. On porta des parapluies
aux premiers sujets, mais les *confidens* se mouil-
lèrent, et tout cela compromit un peu les *fiori-
ture* de cette belle soirée.

Un médecin allemand, homme de beaucoup
d'esprit, et de qui je tiens ces détails, me ra-
contait que, le lendemain de son arrivée à la cour
du comte L..., il vit dans ses jardins une femme
très-négligée de parure et dévorant des fruits
verts. Il questionna un jeune peintre, sujet du

comte, personnage très-gai et très-goguenard, qui lui dit : « Monsieur, cette dame est notre *prima donna* ; ce soir, dans *il Matrimonio segreto*, vous la reconnaîtrez à peine ; car ses habits de théâtre sont élégans ; mais on ne les renouvellera point. Avant deux mois notre troupe sera fondue ; qu'importe ! nous entreprendrons autre chose, et toujours dans de larges dimensions. Ladislas LVIII n'a jamais assez d'or pour conserver long-tems ses goûts fantasques ; il ne peut en soutenir qu'un à la fois. Survient-il quelque caprice tout neuf, l'argent coule à flots ; rien n'est épargné dans la ferveur d'une idée nouvelle. Depuis vingt ans, notre maître parcourt successivement la série des grandeurs souveraines : nous avons eu un hôtel des monnaies, un conseil, un chapitre, une armée, une académie des sciences et de peinture (dont j'avais l'honneur d'être le chef), une meute de trois cents chiens ; maintenant, c'est une troupe de chanteurs ; dans quelques mois, nous comptons sur une ménagerie, un cabinet d'histoire naturelle, etc., etc. Chaque année, on voit débarquer une quinzaine de nouveaux visages, qui ruinent les anciens ; ils arrivent rayonnant d'espoir ; mais ces rayons s'éteignent bientôt. Cependant, on s'en va sans trop se plaindre ; car le comte a une manière d'être et une bonhomie , au milieu de sa puissance, qui désarme toutes les colères. D'ailleurs, on vit ici fort grassement ; presque toujours on y débarque maigre et pâle, et on part avec un joli embonpoint et un teint très-frais : c'est bien quelque chose. Vous le voyez , M. le docteur, chacun a sa marotte ; mais celle de notre bon maître est ruineuse ; il y succombera. Déjà il a dévoré les deux tiers d'une immense fortune ; ce qui lui reste suffirait encore, s'il consentait à abdiquer et à redevenir simplement un grand seigneur ; mais malheureusement on se plaît à entretenir sa folie ; les voisins viennent en foule, de dix lieues à la ronde , pour s'amuser du *tran tran* de cette cour, malgré le mauvais état des chemins, qu'on ne peut réparer, puisque les paysans sont toujours occupés à quelque nouvelle entreprise. Dernièrement , le prince Casimir , qui est fort jovial , adressa à M. le comte un billet écrit au crayon, et daté ainsi :

« D'une ornière de votre grande avenue,
» ce........ etc. , etc.

» Je viens de m'embourber à deux portées de
» fusil de votre capitale. Ma voiture a versé si
» singulièrement , que je ne puis pas même en
» sortir. Envoyez-moi, je vous en conjure, la
» moitié de vos sujets pour me tirer de là. Je suis
» avec respect, etc. , etc. »

» Eh bien! le comte prend ces plaisanteries
pour des déférences. Tenez , M. le docteur,
notre maître jouit d'une santé parfaite quant au
corps , mais la cervelle est sérieusement malade ; soignez-la ; cette cure vous ferait le plus
grand honneur *. »

* Dans ce même salon où je causais avec mon docteur allemand , une dame du gouvernement de *Kos-
trama* me dit d'un ton plein de confiance : « J'en veux
à votre marquise de Sévigné de ne point parler de Voltaire. — Madame, lui répondis-je , elle mérite votre
indulgence ; car, lorsqu'elle écrivait, Voltaire ne pen-
sait point à naître. — Ah! Monsieur, s'écria la provin-
ciale, vous me faites rougir de mon ignorance; mais
l'illustre écrivain mourut si vieux, et parla tellement de
tout, qu'il me semblait avoir vécu de tout tems. » N'est-ce
point sortir très-adroitement d'un mauvais pas ?

— N° LXI. —

LES LETTRES DE RECOMMANDATION.

> Il coûte si peu aux grands à ne donner que des paroles,
> et leur condition les dispense si fort de toutes les belles
> promesses qu'ils vous ont faites, que c'est modestie à eux
> de ne promettre pas encore plus largement.
>
> LA BRUYÈRE.

LES lettres de recommandation sont encore plus sujettes au *protêt* que les lettres de change ; elles se ressentent du relâchement général des liens sociaux. Celles qu'on porte dans l'étranger font rarement fortune. L'Europe est une vieille famille dont les enfans se chamaillèrent pendant trente années. Il y en a douze que les fusils se reposent ; mais les déplaisances de nation à nation ne s'effacent qu'avec une sage lenteur ; la querelle fut trop longue, trop meurtrière pour qu'une franche réconciliation puisse s'opérer le lendemain des *Te Deum*. Après de si longs bouleversemens, lorsqu'il fut permis à chacun de rentrer chez soi, l'amour du repos devint une passion. On goûta vivement les charmes de l'intimité, et jamais on n'attacha moins de prix à l'attrait des nouvelles connaissances. L'éloignement pour les gens qui tombent des nues se fit plus particulièrement sentir chez les étrangers fatigués trop long-tems par la présence d'hôtes fort incommodes. De là je pense cette sorte de sauvagerie européenne qui frappe de discrédit les lettres de recommandation. La facilité avec laquelle on donne ces brevets d'admission, tient sur la réserve ceux qui les reçoivent; on fut si souvent dupe! On craint toujours de rencontrer un mascarille ou un importun dans le protégé expédié par un ami trompé lui-même.

Ainsi, c'est presque toujours se mettre dans une fausse position que d'aller se placer en face d'un visage glacé, qui lit lentement une lettre, pour retarder la minute des politesses et des offres de service. Enfin, un sourire nerveux, arraché par la bienséance, effleure les lèvres du lecteur; il vous dit en soupirant : « Monsieur, je suis très-flatté de l'honneur que me procure mon correspondant, etc., etc. » A la place du mot *flatté* et *honneur*, mettez *contrarié*, *embarras*, et vous aurez le secret de ce qu'il pense. Ensuite vient la phrase d'usage : « Monsieur, si je puis vous être utile ici, disposez de moi. » Cette offre n'engage à rien, car c'est de l'agrément qu'on lui demande. L'utile est assuré chez le banquier; on se salue, on ne se revoit plus; tel est le résultat des neuf dixièmes des lettres de recommandation.

. Un banquier de cette ville part pour Londres muni de ce titre équivoque pour un riche Anglais de la cité. Il en fut reçu très-froidement, et n'entendit même pas prononcer le protocole banal. Il ne revint point. Après deux mois de séjour, la veille de son départ, voulant faire une dernière épreuve, il entre chez son homme, en lui disant qu'il ne veut pas quitter l'Angleterre sans le remercier de toutes ses bontés. On croit peut-être que le front du riche insulaire se couvrit de rougeur; pas du tout, il répondit avec le sérieux le plus britannique : « Monsieur, je ne pouvais faire moins pour un homme qui m'est recommandé considérablement beaucoup par des gens que j'estime complètement. » Joignez à cela l'accent anglais, et la mystification sera complète.

« Ces diables de lettres sont un porte-malheur, me disait un Italien qui aime à bien dîner; j'en ai donné plus de quarante, dont il n'est pas résulté une seule invitation : je ne dîne que chez les personnes auxquelles on ne m'a point recommandé. *E una cosa stupenda, un capricio della povera humanità.* »

L'architecte Quaringhy, mort ici depuis quelques années, laissa de belles constructions; mais il a laissé aussi plusieurs monumens de sa méchanceté. Il avait un nez colossal, sur lequel la nature en avait bizarrement groupé plusieurs autres; sa laideur l'irritait; il voulait s'en venger sur tout le monde. L'un de ses compatriotes lui demanda une lettre pour le gouverneur d'une province éloigné. Quaringhy la lui remet cachetée. L'Italien part. La crue des eaux, occasionée par un dégel subit, l'arrête au bord d'une rivière, et le force de passer vingt-quatre heures dans une barraque. Ne sachant que faire, il s'amuse à lire ses lettres de recommandation; celle de l'architecte était ainsi conçue :

« Mon général, je n'ai pu refuser aux im-
» portunités de M. D..... une lettre pour votre
» excellence ; mais j'ai l'honneur de vous pré-
» venir que c'est un sot ; et j'ose vous recom-
» mander de ne rien faire pour lui, etc., etc. »

L'Italien trouva que son camarade ne le flat-
tait point ; mais, par originalité, il remit franchement la lettre au gouverneur, en avouant
qu'il l'avait lue, et en disant : « Je l'ai conservée
comme un titre d'introduction près de votre excellence ; on vous donne des préventions contre
moi, peut-être ma conduite les détruira-t-elle. »
Le général, trouvant dans cette noble confiance
un démenti de la sottise qu'on dénonçait, pro-
tégea constamment l'Italien, l'employa souvent,
et s'en trouva bien. Deux ans après, ce gouverneur fut nommé ministre ; il emmena avec
lui M. D....., en qualité de chef de division.
Voilà M. Quaringhy obligé de venir faire sa
cour à l'homme qu'il avait si traîtreusement recommandé. « Eh bien ! mon cher ami, s'écria
l'architecte ; j'ai donc le bonheur d'être la cause
de votre fortune. J'avais tant parlé de votre
mérite à son excellence... — Oh ! très-obligé,
mon cher, reprit le chef de division ; mais peut-

être avez-vous oublié les termes dont vous vous servîtes alors ; lisez votre lettre. » M. *** crut provoquer un coup de théâtre, foudroyer le perfide. Celui-ci prend ses lunettes, lit, et rendant froidement la lettre : « Oui, dit-il, les expressions sont un peu singulières; mais je connaissais mon homme, c'est un original. Si j'eusse fait trop fortement votre éloge, vous eussiez été mal accueilli; il se serait méfié de vous et de moi. Dites donc tout ce qu'il vous plaira, sans ma lettre, vous n'auriez pas réussi. »

Malgré le succès inespéré de l'Italien, je ne conseille à personne de remettre des lettres de recommandation qui ne sont point sous cachet volant, comme le savoir-vivre l'exige. Tout le monde n'a pas l'esprit et la générosité du gouverneur russe.

Cléon me dégoûterait à jamais des lettres de recommandation; c'est à l'une de ces lettres que je dois sa terrible amitié. J'ai trouvé sur mon chemin force bavards; mais Cléon dépasse toute mesure, et recule les limites du genre. Avec lui, point de dialogue, point d'échange d'idées, point de trève; il a tellement l'habitude d'interrompre les autres, qu'il s'interrompt lui-même; les paroles à dire nuisent aux paroles qu'il dit; il aurait dix langues, qu'il les fatiguerait toutes. L'autre jour, il sortait de chez moi. Un de mes amis le rencontre; il le crut ivre; c'était l'ivresse du bavardage. En le quittant, cet ami vint me voir. On me faisait respirer des sels; j'étais pâle et à moitié évanoui : « Qu'avez-vous donc? me dit-il avec effroi. — Hélas! *j'ai le Cléon;* c'est une affreuse maladie. — Mais le traitement est simple; fermez-lui votre porte. — Impossible, mon cher ami, il entrerait par la fenêtre; mon départ de Pétersbourg peut seul me guérir *du Cléon.* »

— N° LXII. —

LES COSTUMES.

> Il me paraît qu'on devrait admirer l'inconstance et la légèreté des hommes, qui attachent successivement les agrémens et la bienséance à des choses tout opposées, qui emploient pour le comique et la mascarade ce qui leur a servi de parure grave et d'ornemens les plus sérieux, et que si peu de tems en fasse la différence.
>
> La Bruyère.

Chez une vieille baronne livonienne, la conversation roulait sur les voyages. « Quel bonheur de courir le monde, disait un sénateur, si on devait trouver partout même langue, même monnaie et même cuisine! — Pourquoi pas aussi même costume? répondit la baronne. — Je me garderai bien de former ce vœu, reprit le sénateur, je ne vois rien de si monotone que l'uniformité des habits; elle n'existe déjà que trop d'un bout de l'Europe à l'autre; chez nous dont l'empire s'étend jusqu'à l'Océan oriental, le frac et le rasoir nous envahissent dans un trajet de deux mille lieues. Voyez nos jeunes marchands renoncer insensiblement à l'habit de leurs aïeux, et abandonner la ceinture qui serrait le vêtement et que prescrit l'âpreté de nos climats; leur caffetan dégénère en redingote, et le chapeau rond remplace notre riche bonnet russe. Un reste de pudeur fait conserver à quelques-uns leur barbe, dont la gravité s'indigne d'une mésalliance choquante avec des vêtemens étriqués et mesquins : en vérité, nous ne saurions trop nous plaindre des ravages de la mode.—Vous avez raison, dit le prince André, mais nous, fils de boyards, avons-nous le droit de blâmer les déserteurs du costume national, lorsque depuis cent ans nous prêchons d'exemple? — A qui la faute? reprit vivement le sénateur; à Pierre Ier qui nous déshabilla brusquement pour nous soumettre aux fantasques ciseaux des tailleurs parisiens et anglais. Qu'avons-nous gagné au change? Faites-moi l'honneur de me dire, madame la baronne, vous qui chérissez tant la mode, s'il est rien de plus disparate que notre mise actuelle : les cheveux coupés et

plats nous coiffent en conspirateurs romains;
nous portons le pantalon tartare et l'habit des
polichinelles de la foire; tout cela, dépourvu
de dignité et d'harmonie, met dans la plus
grande évidence les difformités humaines. Un
salon rempli de grands seigneurs me fait l'effet
d'une réunion de nobles sapajous; nos yeux se
sont accoutumés à la disgrâce de nos personnes;
mais, si l'on s'examinait sérieusement devant
une glace, on finirait par se rire au nez. Tenez,
malgré leur sagesse, je n'admets pas indistincte-
ment la vérité de tous les proverbes; et je dis,
l'habit fait le moine. Oui, monsieur, je soutiens
qu'en Espagne il y aurait plus d'*Espagnols*, que
Gênes et Venise ne seraient pas les très-hum-
bles servantes de Turin et de Vienne, si tous
n'eussent point dédaigné le noble costume de
leurs ancêtres. De nos jours on traite beaucoup
trop légèrement la législation des sens: c'est le
moyen de tout niveler. Mon valet-de-chambre
français n'a-t-il pas eu l'impudence de m'apprendre qu'il était mon égal! croyez-vous qu'il
eût lâché cette impertinence si j'avais été couvert de l'ample habit de mon bisaïeul? Non,
certes, l'unité de costume rapproche les distan-

ces ; le drôle possède même sur moi un avantage, il se met avec beaucoup plus de recherche que son maître. Oui, messieurs, si je courais encore le monde, j'aimerais à trouver partout le type de chaque nation : à l'aspect d'une Valaisane vêtue comme une jeune lingère de Paris, j'aurais l'injustice de ne pas lui croire les vertus de ses montagnes ; et lorsqu'un Suisse, voyageant en Russie, cherche l'antique hospitalité qui nous distinguait, il peut dire que notre bonhomie et notre vieille générosité disparurent avec nos vieux caffetans. »

Dans sa douce mauvaise humeur, notre Aristarque avait raison. Tout le monde rit, et nul ne ramassa le gant ; je vis même le prince André regarder avec inquiétude le frac noir qu'il échangea contre son élégant uniforme. Nos yeux se rencontrèrent, et les siens m'apprirent que le raisonneur avait frappé juste en signalant la disgrâce de notre vêtement ; je ne jurerai point que cette soirée ne fasse reprendre au prince l'état militaire auquel il avait renoncé.

— La philippique du sénateur russe m'a fait faire un retour vers le passé. Le pantalon est d'origine révolutionnaire, il s'associait à la carmagnole; il est très-possible qu'alors le plaisir de montrer de belles formes fût regardé comme un privilége : les hommes mal faits se trouvant toujours en majorité, une jolie jambe devait être *suspecte*. J'ai vu aussi de beaux visages insultés dans les rues ; on les traitait d'aristocrates. On prétend que la beauté d'Héraut de Séchelle fut une des causes de sa perte ; elle offusquait *Robespierre* qui était fort laid, et *Couthon* qui était *cul-de-jatte*. *Lebon* fit décapiter une dame d'Arras accusée par lui d'avoir une trop belle tête ; il prétendit que sa figure était un outrage pour les autres femmes, et qu'il fallait corriger la nature quand elle blessait trop l'égalité.

Nous fûmes menacés par le comité d'instruction publique de voir la toge romaine succéder à l'habit français ; on fit un essai pour sonder l'opinion, mais il découragea les novateurs. Cinq jeunes peintres, vêtus comme Brutus et Cassius, parcoururent les rues ; mais messieurs les forts et les dames de la halle reçurent fort mal ces Romains imberbes ; le peuple de Paris se montra même assez peu *antique* pour les traiter de *chian-lits*, comme des personnages du mardi gras. On crut que la province serait plus favorable au travestissement projeté, et les cinq artistes furent expédiés pour Marseille ; mais, arrivés à Moulins, leur patience échoua, tant on les avait maltraités sur la route ; ils se détogèrent et regagnèrent Paris, où ils réclamèrent une indemnité qu'on leur refusa, attendu le mauvais succès de leur mission. Ainsi le comité dut conclure qu'il était plus facile d'arracher à un peuple sa religion, ses princes, ses lois, ses mœurs, ses enfans et son argent, que de lui faire quitter habit, veste et culotte.

Il faut rendre cette justice à M. de Robespierre, qu'il traita ironiquement le projet de déshabiller les Français ; craignant de sacrifier ses ailes de pigeon, ses manchettes et son jabot qu'il aimait beaucoup, il s'opposa à la présentation du projet. Sans cette opposition nous eussions peut-être vu nos cuisinières vêtues en Cornélies, et les demoiselles du Palais-Royal en Lucrèces.

Après le neuf thermidor, la carmagnole fut moins à la mode ; mais, toutefois, il y eut de la témérité à risquer la redingote : quant au premier jeune homme qui osa se montrer en frac, c'est un héros dont il faut regretter de n'avoir

pas conservé le nom. A mesure qu'on s'éloignait
du règne de la terreur, la jeunesse se compro-
mettait au point de porter des collets de couleurs
tranchant avec l'habit; cette mode fournit aux
jacobins des prétextes d'attroupemens : on voulait découvrir une conspiration dans chaque
collet noir, pistache ou chocolat; on les disait
envoyés par Pitt et Cobourg. Ces scènes, souvent
meurtrières, se reproduisirent sous l'imbécile
Directoire.

Mais Bonaparte vint, et tous les costumes
trouvèrent protection; la canaille s'abîma dans
ses repaires; cependant la conscription servit
encore à comprimer la liberté des costumes : les
jeunes gens quittèrent l'habit citadin ou la veste
villageoise pour endosser l'uniforme. On peut
appeler ce règne celui des soldats malgré eux et
des armées malgré elles; pourtant ces armées
firent des merveilles, comme le médecin malgré
lui qui ne s'en tirait pas trop mal.

Aujourd'hui que nous devrions être plus
gais, la mode, nous frappant de son sceptre capricieux, nous impose arbitrairement les couleurs sombres. Est-il rien de plus triste ni de
plus monotone que ce costume noir dont nous

épouvantons nos fêtes, nos bals et nos repas?
pourquoi se vouer exclusivement aux livrées du
deuil? Si vous en faites l'emblême de la folie,
décidez donc que toutes les professions sérieuses
s'habilleront en couleurs tendres, que le rose
appartiendra aux médecins, et le vert aux démonstrations de la douleur.

Si les marquis de Villarceaux et de Vardes
venaient assister à un de nos bals, ils croiraient
que dans la France actuelle la danse n'est per-
mise qu'aux avocats, aux avoués et aux procu-
reurs du Roi.

LA VITESSE.

Imprudence, babil, et sotte vanité,
Et vaine curiosité,
Ont ensemble étroit parentage.
LA FONTAINE, *Fables.*

JE quitte le terrain russe, grâce à un aimable Saxon, qui nous raconta une anecdote que je veux rapporter dans tous ses détails.

« Un vieux baron allemand, dont le gothique château est situé à deux portées de fusil d'une route de poste, aperçut, en se promenant devant la station, une calèche et deux voitures de suite : c'était le prince héréditaire de ***. Le baron fut très-frappé de la presse avec laquelle s'opérait le changement de chevaux ; les gens du prince témoignaient une vive impatience ; lui-même éleva la voix plusieurs fois pour activer l'attelage, et un aide-de-camp faisait perdre la tête aux postillons : tout était convulsif autour des voitures. Le maître de poste, dérogeant à sa dignité, serrait l'ardillon sur la croupe d'un cheval de volée. Enfin, les équipages partirent au bruit du claquement des fouets et disparurent dans des nuages de poussière.

» Le baron, lorsqu'il les perdit de vue, s'approcha du maître de poste, et le félicita sur l'honneur de fournir des chevaux à un aussi grand personnage. « Parbleu ! monsieur le baron, dit notre homme, c'est un honneur dont je m'exempterais fort bien ; chaque passage d'une altesse fait une brèche dans mes écuries ; je ne donnerais pas ce soir cent ducats des quinze bonnes bêtes qu'on vient d'atteler. Ces princes ont maintenant le diable au corps quand ils voyagent ; ils se passent même de boire et de manger. Voilà tout à l'heure quarante ans que je tiens cette maison. Autrefois, les grands étaient de bons vivans ; ils ne manquaient jamais de s'arrêter chez moi pour déjeuner, dîner ou souper, fussent-ils attendus par toute la diète de Ratisbonne ; le fumet de ma cuisine était de la glue pour les monseigneurs.

Après un bon repas, qu'ils payaient magnifi-
quement, ils remontaient en voiture et s'endor-
maient d'un profond sommeil *. Mes postillons
n'étaient guère plus éveillés, et mes chevaux
s'en trouvaient bien. Comme tout est changé!
Croiriez-vous ce qu'on vient de me dire? c'est
que, dans un trajet de deux cents lieues, le
prince de *** prend à peine trois bouillons,
encore se les fait-il apporter dans sa voiture
pour ne pas perdre de tems. — Mais, dit le
baron, de quoi vit-il donc? — Ma foi, je n'en
sais rien, et vous m'avez tout l'air, monsieur le
baron, de n'en savoir pas plus que moi. » Disant ces mots, le maître de poste salua son
noble voisin d'une bouffée de sa pipe dans le
nez, et le laissa au milieu du chemin.

Le baron, en rentrant chez lui, avait un air
concentré qui fixa l'attention de Mme la baronne; elle regardait son mari comme un profond politique, parce que, depuis trente ans,
il lisait scrupuleusement la gazette d'Hambourg.

* Le prince de Ligne prétendait que les postillons de
la Saxe forment la meilleure infanterie de l'armée. Il paraît que maintenant ils se sont décidés à monter à
cheval.

Plusieurs prédictions, réalisées tant bien que mal, augmentaient sa confiance dans ses hautes lumières. Par exemple, le 18 mars 1814, il avait dit que la position de Bonaparte devenait très-difficile, et, comme on sait, les alliés entrèrent à Paris le 31 du même mois. Quelque tems après, il osa prédire que le congrès de Vienne ne ferait pas grand chose, et comme ce congrès ne fit rien du tout, la baronne s'extasia devant la perspicacité du prophète; elle regardait le front de son mari comme un cadran derrière lequel se mouvaient tous les ressorts de la politique européenne; elle voulut donc savoir le motif de sa préoccupation; il hésita pour donner plus de poids à ce qu'il voulait dire, et une prise de tabac, long-tems roulée dans ses doigts fut l'exorde du discours. « Madame, à vous parler franchement, j'augure mal, pour le repos du continent, de la grande hâte avec laquelle voyage le prince de ***, qui vient de..... et se rend à..... J'ai assisté au relai, et si j'ai bien observé la figure de son altesse, ainsi que celle de ses officiers, tout est à la guerre : vous savez, mon ange, que je me trompe rarement. — Si je le sais, baron! je ne donne pas trois se-

maines pour que toute l'Europe soit en feu. Il
faut, dès demain, faire réparer le côté de
l'ouest, qui est la partie faible du château. —
Je ferai mieux encore ; j'écrirai à notre cousin
le chambellan, qui est présentement de service
à la cour de….. ; je lui parlerai de nos craintes ;
il m'accordera assez de confiance pour me dire
l'objet de la mission du prince, et les motifs de
son inconcevable rapidité. »

La lettre du baron partit, et voici quelle fut
la réponse du chambellan :

« Rassurez-vous, mon cher cousin, la paix
» continentale ne sera point troublée. Le prince
» de …., en arrivant ici, a pris un bain, puis
» il a fort bien soupé ; il s'est couché, et a
» dormi douze heures de suite. A son réveil, on
» lui a servi un bon déjeuner, après lequel il est
» allé rendre visite à tous les membres de l'au-
» guste famille. Le soir, il assista à un concert,
» qui fut suivi d'un grand bal, où notre mi-
» nistre de la guerre dansa trois contredanses.
» Vous le voyez, rien n'est moins hostile que tout
» cela. Quant au motif de l'extrême vitesse de
» S. A., le voici : Elle a voulu qu'il fût bien
» constaté que le duc de …., son beau-frère,

» a mis dernièrement huit heures de plus qu'elle
» pour parcourir la même distance. Pendant
» deux jours, on n'a parlé ici que de la pro-
» digieuse rapidité de cette course; je crois
» même qu'elle a été le sujet d'une petite pièce
» de vers. Mettez-moi, je vous prie, aux pieds
» de l'adorable cousine. Rien n'est changé dans
» mes projets; j'espère toujours vous embrasser
» vers la fin de juin, etc., etc., etc. »

Cette lettre causa une sensation très-désa-
gréable au baron; il aimait la paix, mais il
aimait encore plus à ne se pas tromper dans ses
pronostics. D'ailleurs, il pouvait craindre que
cette erreur n'ébranlât le respect que sa femme
professait pour toutes ses opinions. C'est ce qui
explique le dépit avec lequel il s'exprima sur la
céléromanie des princes. « Madame, dit-il, en
jetant la lettre sur une table, et en se débarrassant de ses lunettes, je ne conçois plus rien
aux folies du jour. L'homme qui ne put être
renversé que par l'Europe levée en masse,
exerce sur son siècle une influence posthume.
On fut enchanté de sa mort, et on se plaît à
le faire revivre dans toutes ses allures. On
attaque sa mémoire, et on se pare de ses tra-

vers. On *caporalise* comme lui ; comme lui, on a la passion des revues, et on blase, on fatigue le soldat par d'éternelles évolutions, qu'il oubliera, pour les avoir trop apprises. On entretient des armées formidables, comme si on devait se battre la semaine prochaine; chose aussi ridicule que coûteuse, puisqu'elle neutralise les bienfaits de la paix. On est devenu maussade et gauche dans les loisirs du repos. Enfin, nous sommes presque aussi sérieux et aussi moroses que du tems où nous étions si mal protégés par notre protecteur de la confédération du Rhin. Les honnêtes gens ne savent plus ni rire, ni boire. Napoléon mangeait en courant; dix minutes suffisaient à ses repas; et voilà que nos princes font comme lui. Lorsque j'ai l'honneur de dîner chez quelque altesse, je mange beaucoup trop vite, ce qui m'est sévèrement défendu par le docteur, et par vous, chère baronne! Bonaparte brûlait les grandes routes, je ne le blâme point : lorsqu'on veut faire le mal, on ne saurait aller trop vite, sous peine d'être quelquefois contrarié par le bien. Mais je ne vois pas pourquoi un prince qui, en voyageant, ne doit faire ni bien ni mal, met tout en émoi sur

sa route, crève les chevaux, abîme les postillons, fatigue et désole sa suite, le tout pour la
petite gloriole de voyager plus vite que son
beau-frère ou son cousin; cela me paraît ridicule et de mauvais goût. Corbleu! Madame, Marie-Thérèse, Catherine, et même Louis XIV*,
voyageaient plus lentement, ce qui ne les empêcha point de faire de grandes choses. Les
princes ne doivent jamais renoncer à leur dignité, même à travers champs; le prix de la
course n'est pas fait pour eux. Voyez l'inconvénient de ces précipitations sans but, elles peuvent déjouer la politique des plus fortes têtes.

* La vitesse a fait d'immenses progrès en Europe depuis deux cent cinquante ans. Catherine de Médicis
paya très-généreusement le courrier qu'elle dépêcha
vers son fils, le duc d'Anjou, roi de Pologne, pour lui
annoncer qu'il était roi de France; aussi ce messager,
plus rapide *que le vent*, ne mit que quatorze jours dans
son trajet de Paris à Varsovie. Toute l'Europe s'extasia
devant cette célérité. A présent, un descendant de ce
courrier va à Pétersbourg ou à Constantinople en douze
jours. Cette rapidité ne fut point utile à Catherine, car
Henri III perdit beaucoup de tems à Vienne et à Venise. Hélas! que ne restait-il en Pologne! il serait mort
probablement dans son lit, et il y aurait un crime de
moins dans l'histoire.

Feu le prince *de Kaunits* serait aussi désorienté
que moi, s'il vivait encore. Lorsque, dans le
mois de mai 1780, je m'acheminais vers le
château du baron votre père, pour vous épouser,
je ne marchais qu'à petites journées, et néan-
moins, j'étais terriblement amoureux. — A
qui le dites-vous? cher baron. C'était le bon
tems alors; tout a dégénéré depuis. C'est ce qui
me console de n'être plus *très*-jeune. Mais, allons nous coucher, *quand même*. »

LES CHAPEAUX.

—

> Un homme fat et ridicule porte un long chapeau, un
> pourpoint à ailerons, des chausses à aiguillettes et des
> bottines; il rêva la veille par où et comment il pourra
> se faire remarquer le jour qui suit..... Il y a autant de
> faiblesse à fuir la mode qu'à l'affecter.
>
> La Bruyère.

Les Anglais disent d'un homme bien tourmenté :
« Il est malheureux comme le chapeau d'un
Français. » *. Cette expression serait suscep-
tible d'une variante; on pourrait dire aussi
comme le chapeau ou le bonnet d'un Russe.
Les grands et le peuple rivalisent de politesse;
les uns sont polis avec plus d'élégance dans les
formes, les autres avec plus de cordialité; cette
nuance est dans l'ordre des choses.

* Ne pourrait-on pas étendre le proverbe, et dire :
Malheureux comme la main d'un Anglais?

Un professeur de langue anglaise , dont j'ai
oublié le nom, ressemblait d'une manière très-
frappante à un des ministres de l'empereur ;
tout le monde s'y trompait. On conçoit le profond étonnement de l'Anglais nouveau débarqué, lorsque, dans les promenades, dans les
rues et tous les lieux publics, il se voyait as-
sailli de grands coups de chapeaux; mais , ignorant qu'il eût l'honneur de ressembler à un
ministre, notre professeur attribuait ces égards
au ton dominant : « Voilà , se disait-il, le
peuple le plus excessivement poli qu'il soit possible de trouver, puisque tout le monde me
salue sans me connaître. » Tout à coup les chapeaux restent immobiles , et l'on passe près de
lui d'un air indifférent. Le voilà encore étonné
de cette subite déconsidération; malgré lui il
y fut sensible ; tant les hommes sont difficiles à
satisfaire. Quelques jours après on le retint à
dîner chez le prince André, à la suite d'une
leçon donnée aux petites filles. Le vin de Cham-
pagne , égayant un peu le gros professeur , il fit
le récit de ses *étonnemens*, et tout le monde se
prit à rire ; le prince lui expliqua la cause de sa
haute faveur dans les rues et de sa disgrâce sou-

daine; son ménechme venait de perdre le portefeuille; la ressemblance avec un ministre destitué ne signifiait plus rien, le prestige s'était
évanoui.

Cette anecdote, très-authentique, fournit
matière à réflexion. J'explique maintenant comment un ministre est horriblement malheureux
pendant la première semaine de sa destitution,
souvent la semaine suivante, quelquefois toute
l'année, et puis toute la vie ; on en cite plusieurs
qui sont morts sans réussir à se consoler. Je ne
comprends guère cette ténacité dans la douleur; je conçois mieux les amertumes des premiers jours : tomber dans la disgrâce du maître
est une chute accablante; mais le sort n'en
reste pas là : l'homme déchu se voit condamné
à une foule de petites atteintes, suites inévi-
tables de la catastrophe, ce sont des froideurs
soudaines, des dos voûtés qui se redressent, des
voix mielleuses remplacées par un organe rond,
fier et indépendant, des consolations malignes
ou gauches. Il serait à désirer qu'un ministre
bel esprit eût la noble franchise d'écrire l'histoire des quinze premiers jours qui suivirent son
accident; cela fournirait un in-18 très-piquant,

une sorte de spécifique pour les amateurs trop
passionnés du portefeuille.

M. Necker a défini le bonheur ministériel par
cette expression : « Le charme indéfini du pouvoir. » On sent que le Génevois avait bu déli-
cieusement à cette coupe enivrante, dont la lie
fut passablement amère. Je voudrais qu'on fît
une revue historique de tous les ministres depuis
Aman ; cet ouvrage serait d'un terrible intérêt.
Pour rendre le tableau moins sombre, on sème-
rait çà et là quelques-uns des détails de la vie pri-
vée, qui souvent expliquent tant d'actions politiques ; dans ce grand recueil, à côté de quelques
félicités, on verrait se dérouler l'effrayante série de toutes les misères, de toutes les angoisses
et de toutes les catastrophes humaines. Séjan,
Menzikoff, Piper, Labalue, Albéroni, Thomas
Morus, Strafford, etc., etc., quelle formidable
collection ! quelle chaîne de disgrâces et d'é-
cueils où s'est brisé le pouvoir ! Ce charme *indéfini* dont parle M. Necker est tellement dévorant, qu'il procure aux ministres qui meurent
dans leur lit le désagrément de mourir quinze
ou vingt ans plus tôt que les autres hommes ;
encore n'ont-ils pas la consolation de se dire

comme tant de gens : « Courte et bonne. » *Courte et agitée*, voilà leur devise. Richelieu, Mazarin, Colbert, Fouquet, Louvois, M. le duc, Dubois, Pitt, Fox, Castelreagh *, et tant d'autres moins célèbres, sont morts avant la vieillesse, ce qui ne corrigera pas un seul aspirant au ministère.

Avant de quitter les ministres, faut-il bien dire ce que nous raconta un gentilhomme esthonien qui dînait avec nous chez le prince André : « J'allais souvent chez M. C***, homme passablement spirituel et très-savant; on m'accueillait fort bien; nous n'en étions pas encore à l'amitié, mais ce n'était plus de l'indifférence ; nous causions familièrement pendant plusieurs heures. L'attention que je prêtais à M. C*** pouvait passer pour du dévouement, surtout lorsqu'il embrouillait les fils de la science et qu'il cessait lui-même de se comprendre, ce qui lui arrivait fort souvent.

» Au printems, je fus passer une quinzaine de jours dans une campagne éloignée; le matin de mon retour je me présente chez mon savant; les

* Et M. Canning!

gens hésitent à m'annoncer. Ne tenant aucun compte de leur embarras, j'entre dans le cabinet; je suis reçu d'un air officiel et semi-protecteur; le grand fauteuil qui m'était dévolu ne s'avance point; nous restons debout et causons en nous promenant. Fort étonné de cette variation dans les manières de M. C***, j'abrégeai ma visite. En sortant, je rencontrai sa femme, dont la figure me sembla froide et *pincée*. Enfin je trouvai même au perroquet un petit air suffisant : la remarque est puérile, mais j'étais frappé. « Allons, me disais-je, on m'aura desservi dans cette maison, c'est quelque *paquet*, quelque commérage de société. » Je portai mon étonnement chez un ami. « D'où sortez-vous donc? me dit-il en riant. — Je ne sors pas; au contraire, je rentre à la ville après une courte absence. — Ainsi, vous ignorez que M. C*** est nommé ministre depuis trois jours. — Certainement, je l'ignorais; ah! c'est donc cela, je ne m'étonne plus, maintenant; à ce trait je reconnais la touchante logique du cœur humain; la fortune de M. C*** a changé, et il change pour moi? il fait un grand pas, et je reste sur place; nous ne sommes plus en harmonie. Eh bien! destitué de mon fauteuil, je le destitue de mes visites; tout *savantasse* qu'il est, je le voyais avec plaisir, c'était beaucoup; mais savant et ministre, la question se complique et le poste n'est plus tenable. Quand le portefeuille glissera de ses mains, j'y retournerai et je m'assiérai; jusque là je suis son serviteur, je n'aime pas les gens qui se grisent si aisément. »

Je veux terminer ce chapitre, comme je l'ai commencé, par les chapeaux. L'empereur Paul avait les chapeaux ronds en horreur, si bien qu'un beau jour il les prohiba. Cet ordre parut bizarre, mais il fut exécuté; on se disait que, lorsqu'il est possible de plaire au souverain à si peu de frais, ce n'est pas trop la peine de se révolter; toutefois les hommes économes et prévoyans accrochèrent le chapeau rond jusqu'au règne suivant. Un Anglais prit la chose plus sérieusement : il pensa qu'un oukase sur les chapeaux était un outrage à la liberté indivi-duelle et à la dignité du front de l'homme; il continua donc à porter le sien. L'empereur, se promenant en voiture, l'aperçoit d'assez loin et envoie un cavalier de sa garde pour arrêter la coiffure désobéissante. Le cavalier court sur l'Anglais, et se trouve en face d'un chapeau à trois cornes; il revient faire son rapport. L'empereur, très-étonné, braque sa lunette et retrouve la forme ronde; il traite le soldat de butor, d'aveugle, et expédie un officier. Celui-ci va à toute bride, et fait la même réponse que le soldat. Le prince, indigné, lorgne encore; mais le délinquant avait disparu; on mit la police en campagne, et le même jour on obtint le mot de l'énigme. Cet Anglais, pour concilier son entêtement avec le caprice du souverain, avait fait confectionner un chapeau qui, par le moyen d'un petit ressort, passait subitement de la forme ronde à celle des trois cornes. L'empereur trouva l'idée si plaisante, qu'il fit dire à l'insulaire qu'on le laissait libre de se coiffer comme il l'entendrait. Depuis, on appela cet Anglais milord *chapeau rond*.

— N° LXV. —

PÉNURIE D'AIMABLES COURTISANS.

> Un Caton, à la cour, est un triste animal.
>
> DESTOUCHES, *l'Ambitieux*, act. I, sc 2.

On prétend que, sauf quelques rares exceptions, les courtisans d'aujourd'hui sont fort ennuyeux; on assure même qu'en famille, tous les rois s'en plaignent. Je trouve que les rois ont raison, car enfin ils pourraient dire à leurs courtisans : « Messieurs, jamais nous ne fûmes plus affables, moins exigeans, moins jaloux d'un vain cérémonial, et cependant nous ne trouvons plus en vous cette aimable liberté d'esprit qui charmait nos prédécesseurs. » Que répondraient ces fidèles piliers de cour? peut-être rien du tout.

On cite encore une foule de mots plaisans,

de réponses fines et ingénieuses dont leurs aïeux égayèrent les plus augustes salons ; aujourd'hui, une saillie qui déride un front couronné devient une sorte de phénomène. S'il en échappe quelques-unes, les échos sont donc d'une terrible discrétion, car elles n'arrivent pas jusqu'à nous. Serait-il vrai que les Caraccioli, les d'Ayen, les prince de Ligne et les *** sont morts ou mourans sans faire d'élèves? Pourquoi n'ont-ils pas de successeurs dans la demeure des rois? Est-ce l'esprit qui manque? Mais tout le monde assure que dans ce siècle tout le monde a de l'esprit! Serait-ce l'art de le mettre en œuvre, d'improviser ces traits fins et rapides qui, sur une pointe d'aiguille, volaient à la postérité? Les souverains doivent s'affliger de cette pénurie de courtisans gais, et osant hasarder le mot pour rire ; on se passerait plutôt d'un maître des cérémonies que d'un homme aimable. Malheureusement cette dernière charge ne peut se créer ; c'est une des impossibilités de la toute-puissance. Cependant les grands de la terre n'eurent jamais plus besoin d'une intimité qui saurait joindre la grâce au dévouement ; on leur suscite tant de chagrins! et à quelle époque! Ne

dirait-on pas que tous les rois s'entendirent
pour être les plus hommes de bien de leur empire ; quelles vertus maintenant sont absentes
des trônes ! quel père de famille vit mieux avec
la sienne que ne le font les monarques ! Presque
partout il sont des modèles de piété, de douceur, de modération et d'amour du bien public : c'est sans doute pour cela que tant de gens
les attaquent si énergiquement, et que tant
d'autres mettent si peu de prix à les amuser.

Un Monsieur, qui a été roi pendant quelque
tems, ne pouvait se plier à l'ennui de passer
toutes ses soirées avec ses courtisans ; c'était,
disait-il, une des plus vives amertumes de son
trône improvisé ; il s'en plaignait souvent à l'un
de ses familiers, qui existe encore, et dont je
je tiens mot pour mot le dialogue suivant.

« Sire, votre majesté veut-elle recevoir ses
officiers ? — Comment, ce soir encore ! mais
c'est insupportable ; et vous, qui avez l'air de
m'annoncer un plaisir ! — Sire, vous êtes libre.
— Et non, Monsieur, c'est ce qui vous trompe,
je ne suis pas libre ; si je l'étais, je resterais seul
ici, avec mes livres : ils m'offrent au moins un
peu de variété. — Sire..... — Bah ! sire, sire ;

je le sais bien, que je suis sire; et qu'est-ce que cela prouve? Mais, voyons; supposons que je reçoive ce monde-là; savez-vous ce qu'ils me diront? — Pas précisément. — Eh bien! moi, je le sais; ils me diront exactement ce qu'ils disaient hier et ce qu'ils répéteront demain. Tenez, par exemple, votre M. ***, je le vois là planté avec son grand corps et sa figure incertaine; n'est-ce pas un fier délassement pour un roi?..... Et sa femme, autre caricature qui n'a pas une once de naturel! et ce petit flatteur de ***, avec son sourire nerveux! et cet autre qui me dit des fadeurs, comme si j'étais une reine! — Sire, je vais dire à ces messieurs que votre majesté souffre..... — Oui, de l'ennui de les recevoir, c'est vrai. Allons, puisqu'il faut régner du matin au soir, je subirai mon sort; faites entrer. »

Après ces mots, le confident du prince courait dans le salon d'annonce en disant : « Messieurs, sa majesté vous recevra avec *plaisir.* »

Cependant, cet homme si nerveux, si ennuyé le soir de son métier de roi, s'en acquittait très-bien le matin; il laissa des regrets et des souvenirs honorables dans le pays où il régna par procuration.

— N° LXVI. —

LES DEUX CRIMES,

NOUVELLE RUSSE.

—

> Plus on doit épargner les hommes vertueux,
> Plus il faut des méchans faire un exemple affreux.
> CRÉBILLON, *le Triumvirat*, act. II . sc. 2.

Sous le règne de l'impératrice Elisabeth, la veuve d'un prince russe, dont les terres étaient situées dans la partie septentrionale du gouvernement de *Nijni Nowgorod*, se voyant atteinte d'une maladie de langueur, vint à Moscou pour y consulter un célèbre médecin, que ses talens rendaient l'arbitre de toutes les santés du haut parage. Le docteur entreprit la guérison de la princesse. Six mois se passèrent en traitemens divers, qui se succédaient avec rapidité, comme cela se pratique, lorsque la faculté est hésitante et appelle vainement le secours d'une heureuse inspiration. Enfin, quand tous les moyens curatifs furent épuisés, le docteur prononça d'un ton solennel qu'un long séjour dans le midi de l'Europe pouvait seul opérer le rétablissement de la princesse. Ordonnance banale, *ultimatum* de la science médicale lorsqu'elle est à bout de chemin. L'Esculape cherche à sauver sa réputation, faute de pouvoir sauver son malade.

La princesse partit dans les premiers jours de mai, accompagnée de sa première femme de chambre et d'un domestique âgé de trente ans. Elle passa par Kioff et Cracovie, pour se rendre à Vienne, où elle séjourna trois mois. La maladie n'empirait point, mais le changement d'air et de climat n'apportait aucune amélioration à son état de faiblesse. Elle quitta Vienne, visita Trieste et Venise, et prit la route de Naples, où on lui avait conseillé de passer l'hiver.

Koustroff, c'est le nom du valet de chambre, était un garçon actif, intelligent et courageux. Né et élevé dans la maison de ses maîtres, il n'avait jamais donné de sujets de mécontentement ; aussi la princesse, lorsqu'il fallut partir, lui accorda-t-elle la préférence sur tous ses autres domestiques. Ce qui fit encore pencher la balance en sa faveur, c'est qu'il savait parfaitement l'italien.

Koustroff avait beaucoup d'esprit naturel, mais une grande perversité de cœur; de fréquens séjours dans les deux capitales, de mauvaises liaisons, *trop de savoir* pour son état, et une ambition démesurée d'échapper à la dépendance, développèrent en lui un caractère très-dangereux. Toutefois, contenu par la sévère discipline de la maison, il sut cacher ses penchans vicieux sous des apparences de fidélité, jusqu'au moment où des circonstances inattendues donnèrent l'essor à ses criminels penchans.

La femme de chambre fut soudainement attaquée d'une *étisie galopante*. La princesse, qui aimait beaucoup cette fille, s'arrêta dans un petit village à quelques lieues de Bologne, et fit appeler un médecin de la ville voisine. Au bout de huit jours, le docteur crut cette fille hors de danger, mais il annonça que la convalescence serait un peu longue, et qu'avant trois semaines elle ne pourrait continuer sa route. La princesse, ne voulant point rester tout ce tems dans une petite auberge de village, résolut d'aller attendre sa femme de chambre à Bologne; la distance n'était que de huit à dix mille, et elle pouvait compter sur les attentions qu'on aurait pour la malade, car ses hôtes étaient d'excellentes gens.

On fixa le moment du départ. Koustroff, par ordre de sa maîtresse, laissa à la femme de chambre des instructions écrites, pour le moment où elle serait en état de rejoindre Bologne. Elles portaient l'indication de l'hôtel où elle devrait descendre, la manière dont elle se ferait conduire, etc., etc. On lui donna l'argent nécessaire au séjour et au voyage, enfin rien ne fut oublié pour tranquilliser l'esprit de la malade. On chercha vainement, dans les environs, une femme qui pût faire le service près de l'étrangère, pour un court espace de tems. Ainsi Koustroff devait seul accompagner sa maîtresse. Cette circonstance le frappa vivement, et son ame, jusqu'alors flottante, conçut un horrible dessein.

L'aubergiste tenait la poste aux chevaux. Dans le nombre des postillons, se trouvait un de ces brigands qui infestaient autrefois les gorges des Apennins. Cet homme, déjà d'un certain âge, avait profité d'une amnistie pour embrasser un métier plus honnête et moins périlleux. Ses maîtres ignoraient ses anciens exploits; mais ses camarades, par instinct, l'appelaient *le vieux pêcheur*. Rolando, c'était son nom, conduisait fort adroitement le voyageur, que jadis il attaquait avec plus d'adresse encore. Son changement de profession n'étant que le résultat de la crainte, il avait cessé d'être un voleur, sans devenir un honnête homme. Il se reposait du crime, mais ce repos le fatiguait. Arpenter trois ou quatre fois le jour le même chemin, quelle monotonie désespérante pour un homme fait aux aventures et aux vives émotions du danger!! Souvent il s'étonnait de la modération avec laquelle il recevait deux ou trois *francescone* de la main du voyageur pour prix de sa course, lorsque dans ses beaux jours il s'élançait audacieusement sur une chaise de poste, en demandant avec arrogance tout ce qu'elle contenait de précieux.

Ainsi que les hommes vertueux, les scélérats sont entraînés les uns vers les autres par un

secret instinct. Koustroff devina le caractère de
Rolando ; ces deux êtres se recherchèrent. Bientôt quelques bouteilles de vin cimentèrent cette
odieuse amitié, et provoquèrent des confidences.
Le postillon donna l'exemple de la franchise ; dès
lors Koustroff osa compter sur lui.

Rolando était parti par une nuit sombre pour
conduire une voiture au prochain relai ; le valet
de chambre guettait son retour, qui eut lieu
vers minuit ; il attendit que le postillon eût fait
une bonne litière pour ses chevaux, et mis une
ample provision de foin dans la mangeoire pour
lui faire un signe. Rolando suivit son ami dans
une chambre isolée, où ses regards se portèrent
avec ravissement sur une table couverte de
quelques pièces froides ; quatre bouteilles em-
paillées s'élevaient majestueusement au-dessus
d'un débris de pâté. Le postillon, même du tems
de ses grandeurs éclipsées, n'avait jamais eu
devant lui l'expectative d'un repas aussi distingué. On se mit à table. Le rusé Koustroff fit
d'abord rouler l'entretien sur des sujets insigni-
fians ; mais lorsque l'appétit de son compagnon
fut apaisé, et qu'il ne resta plus à boire que la
seconde moitié de la quatrième bouteille, pre-

nant un ton caressant et confidentiel, le Russe
dit à demi-voix : « Honnête Rolando, combien
as-tu fait mourir de personnes dans ta vie ? —
Voilà une question assez saugrenue, reprit le
convive ; le président du conseil des dix y
regarderait à deux fois pour me l'adresser, si
jamais j'avais l'honneur de comparaître devant
ces expéditives excellences. — Ne te fâche pas,
Rolando, tu n'es point ici devant un tribunal,
mais à table avec un ami, et le vin porte à la
franchise beaucoup mieux que l'interrogatoire
d'un juge. Allons, dis-moi le nombre de tes
prouesses. — Ma foi, il n'y a pas de quoi se
vanter. Je suis assez bonhomme de mon naturel, et j'ai toujours répugné aux meurtres inu-
tiles. Plus amoureux de l'argent que cruel, je
n'ai traité un peu brutalement que les voyageurs récalcitrans et trop durs à la détente. »
En proférant ces dernières paroles, Rolando se
mit à compter sur ses doigts. « Je les tiens,
monsieur le curieux ; oui, dans les vingt campagnes que j'ai faites dans les deux Calabres et
au col de Tende, c'est le bout du monde si j'ai
expédié à Dieu ou au diable onze malheureux,
et encore, sans les faire souffrir ; à cet égard,

ils n'ont rien à me reprocher. — Eh bien! je
t'en propose un douzième, pour faire le compte
rond; quant au danger, tu n'en courras aucun,
je t'en réponds sur ma tête. — Comment! que
veux-tu dire, enfant du Nord? As-tu par hasard
le dessein d'ébranler cette vieille conscience qui
m'a donné un mal terrible pour la faire rentrer
dans la bonne route? Ecoute, ami, ton vin est excellent, et tu m'as régalé en grand seigneur; mais,
depuis que je suis *retiré*, je suis devenu paresseux
et timide; ne compte pas sur moi. Parbleu! on
serait bien reçu, si on allait proposer de faire
encore une ou deux campagnes à un vieux officier retiré dans son château, où il fume tranquillement sa pipe au coin du feu, et endort son
curé par le récit de ses batailles. Eh bien! moi
aussi je suis un héros en retraite. Depuis que ce
bras nerveux s'est rabaissé à l'humble fonction
d'agiter un fouet dans les airs pour hâter la
course de trois mauvaises rosses, crois-tu qu'il
ne s'est point rouillé au noble usage du poignard
et du pistolet? Puisque j'ai eu le bonheur de ne
pas voir mon corps tapisser cette vilaine machine... tu sais bien, je veux tâter de la satisfaction qu'on éprouve, dit-on, à mourir dans

son lit. — Oui, mais avant d'éprouver cette
satisfaction, tu traîneras ta misérable existence
sur les grandes routes, exposé aux injures du
tems et des voyageurs. Rolando, tu n'as rien?
— Peut-être moins encore. Grâce à la fureur du
jeu et aux vols de mes fripons de camarades,
j'ai perdu le fruit de dix ans de travail. — Eh
bien! si un dernier fait d'armes, dirigé par la
prudence, et entouré de mystère, t'aidait à
passer doucement les années qui te restent, re-
culerais-tu devant lui? » A ces mots, Koustroff,
sans attendre la réponse, tira de sa ceinture un
argument sur lequel il faisait plus de fond que sur
son éloquence; c'était un rouleau de deux cents
sequins, qu'il éparpilla sur la table pour produire plus d'effet sur son interlocuteur. Celui-ci
les dévorait des yeux, et tout en allongeant le
cou, pour les contempler de plus près, il reti-
rait ses mains, craignant de succomber à la force
de l'habitude et de prendre ce qu'il n'avait point
encore gagné. Le silence dura quelques minutes;
mais lorsque le Russe pensa que cette scène
muette s'était assez prolongée, il reprit froidement les sequins, les enveloppa et les fit rentrer
dans leur domicile, au grand déplaisir de Ro-

lando, dont la figure devint triste et rêveuse,
d'expressive et animée qu'elle était devant l'or
vénitien.

Pourquoi m'as-tu montré ce trésor? s'écria-
t-il avec humeur? N'est-ce que pour me faire
commettre le péché d'envie? — C'est, au contraire, pour te donner un avant-goût de la propriété, reprit gaîment Koustroff. Demain, ou
pour mieux dire, aujourd'hui, il dépend de toi
que ce rouleau sorte de ma poche pour entrer
dans la tienne ; ils sont deux cents, pas un de
moins. — Que faut-il faire? — Pas grand'chose.
— Mais encore? — Attends, rapprochons nos
chaises, car les murs d'une chambre d'auberge
ont des oreilles... C'est bien ; à présent écoute-
moi : tu connais ma maîtresse? — Sans doute.
— Elle est bien pâle. — Comme une morte. —
Bien maigre. — C'est vrai ; elle n'a que la peau
et les os. — Oui, elle fait peine à voir. Hélas !
Rolando, c'est une femme perdue ; elle n'en a
pas pour trois mois ; le médecin de Vienne ne
me l'a point caché ; dans trois mois (et je lui
fais bonne mesure) j'aurai le malheur de la perdre. — Tu appelles ça un malheur? — Oui,
puisqu'il ne m'en reviendra rien, absolument

rien. Tu sais quelle est l'ingratitude des maîtres ; ils ne s'embarrassent guère de ce que nous
devenons après eux ; nos dames russes surtout
repoussent l'idée de la mort, comme si elles ne
devaient jamais faire connaissance avec elle.
Sais-tu ce qui arrivera , si je n'y mets bon ordre ? Ma maîtresse a encore assez de force pour
se rendre à Florence ; là elle s'éteindra comme
une lampe sans huile ; alors nous verrons fondre
sur nous une nuée de corbeaux ; c'est-à-dire,
des gens de justice qui prendront tout ce qu'ils
pourront attraper , et mettront gravement les
scellés sur le reste ; et moi, que me laisseront-
ils ? un habit noir pour l'enterrement, et les
yeux pour pleurer ! Fameux héritage , morbleu !
— En effet, c'est ainsi que les choses se passent dans notre belle Italie. — En Italie et partout. Ma maîtresse n'a point d'enfans , je ne fais
tort à personne ; tous ses héritiers sont riches ;
d'ailleurs, elle n'a pas grand'chose avec elle ;
mais ce qui n'est rien pour eux..... Me vois-tu
venir à présent ? — Oui , par saint Janvier !
je commence à te comprendre. » Alors les deux
convives se regardèrent avec un sourire infer-
nal, et vidèrent machinalement la dernière bou-

teille de Syracuse, en trinquant, comme s'ils
eussent porté un *toast* à la mort.

« Puisque tu m'as deviné, reprit Koustroff,
il ne s'agit plus que de nous entendre; car tout
est prévu, tout est combiné : ta vieille expérience ne me trouvera en défaut sur rien. Nous
partons aujourd'hui à onze heures, et nous
laissons ici la femme de chambre. — Je le sais.
— C'est toi qui conduiras, n'est-ce pas? —
Rien de plus facile. Si, par hasard, ce n'était
pas mon tour, le camarade me cédera le sien,
moyennant *un pour-boire*. — Bravissimo! Dis-
moi, dans le trajet d'une poste à l'autre, y a-
t-il quelque fourré de bois dans lequel on puisse
se détourner? — Nous en avons trois pour un.
— Bien; tu choisiras le plus obscur. L'heure
de midi est favorable; la grande route est déserte;
toute l'Italie dort à ce moment-là. Maintenant écoute-moi : parvenu au milieu du bois,
tu arrêteras brusquement la voiture, et tu feras
feu sur moi avec ce pistolet chargé à poudre;
je tomberai de mon siége, comme un homme
frappé de mort, et je resterai immobile jusqu'au
moment où, avec ce poignard, tu..... » Ici,
Koustroff s'arrêta, comme si sa langue eût été

paralysée. « Eh bien ! achève donc, reprit Rolando. — Non, je t'en ai dit assez ; ton intelligence..... — Quoi ! pendant que tu seras gisant sur l'herbe et contrefaisant le mort, je resterai seul chargé de la besogne ? — Oui, c'est comme ça que je l'entends ; je ne saurais porter les mains sur la princesse ; nous autres Russes nous sommes accoutumés dès l'enfance à tant de respect pour nos maîtres ! — *Cospetto di bacco !* voilà un plaisant scrupule. Garder du respect pour celle qu'on fait mourir ! il y a de la folie, mon garçon. — Folie tant que tu voudras, mais je ne frapperai point ; en expirant, elle n'emportera pas l'idée que son assassin est son propre esclave..... » Ici, la voix de Koustroff fut étouffée par une rapide émotion ; mais il se remit, et reprit d'un ton ferme : « Rolando, point d'hésitation ; crois-tu que ma riche ceinture entourera ton corps pour le prix d'une halte ? Allons, parle, puis-je compter sur toi ? — Pourquoi pas ? tu as beau jeu pour te faire obéir ; c'est toi qui paie..... D'ailleurs, tuer une femme expirante ou saigner un poulet, c'est tout comme. — Je t'en conjure, Rolando, que ce soit l'affaire d'un moment ; ne la fais point souffrir. —

Sois tranquille, je te l'ai déjà dit, je suis *humain.* » A ces mots, Koustroff, craignant quelque nouvelle objection, se leva précipitamment, et compta dix pièces d'or à Rolando : c'étaient les arrhes du marché sanglant qu'ils venaient de conclure. « J'entends quelques mouvemens dans l'auberge, dit le valet russe ; descends doucement, glisse-toi dans l'écurie, et quand tu auras gagné ton grabat, ronfle à te démantibuler la mâchoire. » Alors les deux scélérats se séparèrent.

A neuf heures, la princesse, quoique fort attachée à son culte, fut entendre la messe de la paroisse, et pria avec ferveur. Au retour, elle alla voir sa femme de chambre, et renouvela ses recommandations à l'hôtesse, qu'elle récompensa généreusement : cette bonne femme pleurait de reconnaissance et de regrets en la voyant partir. A onze heures, tout étant prêt, la princesse monta en voiture ; Koustroff grimpa silencieusement sur le siége, et Rolando, donnant l'élan à ses trois chevaux, l'équipage s'éloigna avec rapidité.

Dans le trajet de la première lieue, le postillon interrogea souvent la physionomie de Koustroff, dont le regard sinistre lui prouva que rien n'était changé dans ses criminels desseins. Bientôt on vit se dérouler une forêt sur la droite du grand chemin. Rolando, faisant un signe d'intelligence, dirigea ses chevaux de ce côté, et la berline s'engagea sous un dôme épais de marronniers sauvages. Les stores étant baissés, la princesse, qui sommeillait, ne s'aperçut point de ce changement de direction. Quinze minutes après, l'infortunée avait cessé de vivre. Cette scène horrible se passa telle qu'elle avait été projetée. Les deux assassins l'exécutèrent avec d'autant plus d'audace, que, du haut de la montagne dominant la forêt, ils n'avaient aperçu, dans toute l'étendue de la grande route, ni une voiture, ni ame vivante. Le corps de la princesse fut déposé dans une petite ravine et recouvert d'un tas de feuilles sèches. Aussitôt, Koustroff referme soigneusement la voiture, compte au postillon l'or, récompense du sang versé, et, remontant sur son siége, il invita Rolando à regagner, au grand trot, la poste voisine, impatient qu'il est de se délivrer, le plus tôt possible, de son complice.

En entrant dans le village où l'on devait re-

layer, le postillon fit claquer son fouet pour annoncer la berline et hâter le changement de chevaux.
Pendant qu'on attelait, le prudent Koustroff
commanda le silence au nouveau conducteur,
disant qu'il ne fallait pas réveiller son maître ;
mais cette précaution était superflue : rien de
si parfaitement insouciant que les gens qui ser-
vent la poste ; le passage fréquent des voyageurs
les blase tellement que l'habitude éteint en eux
tout sentiment de curiosité. Quelques minutes
suffirent pour atteler, Koustroff et Rolando
n'osèrent s'adresser des adieux ; seulement,
quand le carrosse s'ébranla, ils se lancèrent un
regard où se peignait la satisfaction du succès.

A la sortie du village, Koustroff enflamma
le zèle de son nouveau guide par l'espoir d'une
bonne étrenne ; en Italie, plus qu'ailleurs, c'est
un moyen d'aller comme le vent. A la chute
du jour, le Russe se trouvait déjà à une grande
distance du théâtre de son crime ; le poids de
ses vives anxiétés s'allégeait à chaque relai.
Arrivé à une station vers les onze heures, et la
nuit étant fort sombre, il monta dans la voiture pendant qu'on attelait ; le nouveau postillon, ne l'ayant pas vu descendre du siège,

trouva cette action toute simple. Dès ce moment, Koustroff, rassuré, quitta le rôle de valet pour ne plus le reprendre : son ton et ses manières furent celles d'un voyageur qui exige une grande rapidité, et qui la paie généreusement.

Décidé à ne point s'arrêter tant qu'il serait sur le sol italien, il passa au milieu de la superbe Rome avec l'indifférence de celui qui traverse un bourg de la Basse-Bretagne. Avant d'y entrer, il avait ressenti une terrible émotion lorsque le postillon laissa voir toute la surprise que lui causait cette réponse laconique : « A la poste. » En effet, les Romains ne sont guère accoutumés à ce dédain lorsqu'on passe dans la ville sainte. Koustroff, pour éloiner tout soupçon, s'écria d'un ton dégagé : « Mon ami, je connais cette ville comme mes poches, et j'ai de grandes affaires à Naples, c'est pourquoi je ne perds pas un moment. » *A ragione, la sua excellença*, fut la réponse du postillon. Au premier relai après Rome, Koustroff s'arrêta une demi-heure pour dîner : c'était le premier repas qu'il faisait depuis la mort de sa maîtresse. Jusque là le remords, la peur et la joie l'avaient nourri.

Son grand désir était de gagner Naples, c'est
là que l'attendent les jouissances de la cupidité ;
il est assis sur son trésor, mais il ne peut le voir
ni en déterminer la valeur : cette impatience le
dévore, et lui fait maudire la longueur de la
botte italienne.

Cependant, toujours en face de lui-même
depuis trois jours, il avait réfléchi sur sa position, et ne s'en dissimulait point le danger. Plus
avare que vaniteux, il sentit que désormais il
faudrait voyager modestement, et cacher sa
fortune à tous les regards, à tous les soupçons ;
la moindre inconséquence pouvait le trahir, il
suffisait de la rencontre imprévue d'un Russe
pour le dévoiler et le perdre. Dès-lors il forma
un plan de conduite qu'il exécuta avec une habileté, une constance et une profondeur de dis-
simulation qui, heureusement, sont très-rares
chez les grands criminels.

Lors de son arrivée à Naples, il fut conduit
dans un des premiers hôtels ; il était difficile de
se dérober à cette épreuve qu'il redoutait, mais
dont il sut bientôt se délivrer.

Après avoir adressé aux gens qui transpor-
taient les effets dans son appartement, une

foule de questions insignifiantes, il demanda avec un air de grande distraction s'il n'y avait point de Russes dans l'hôtel ; ⬛ répondit négative-ment : et alors, passant légèrement de cette de-mande à une autre, quoiqu'il éprouvât de la peine à ne point rester sur la bonne bouche d'une si agréable assurance, il s'informa du nom de la *prima dona* qui faisait dans ce moment le bon-heur des Napolitains.

L'heure qui s'écoula jusqu'au moment du sou-per fut très-utilement employée : il visita d'abord avec soin tous les coins et recoins de son vaste appartement. Logé dans une des ailes de la mai-son, il vit avec plaisir que sa chambre à cou-cher, précédée du salon, était flanquée de deux murailles maîtresses ; ainsi pas de cloison per-fide ni de voisinage redoutable, point d'issue secrète, ni d'escalier dérobé. Tranquille sur ce point, il monta à l'étage supérieur, et y trouva un immense grenier sur lequel il jeta son dévolu, pour se délivrer d'une inquiétude que plus tard nous ferons connaître.

On porta le souper, qu'il abrégea pour se délivrer au plus vite des *excellença si, excellença no*, dont il se reconnaissait intérieurement très-

indigne; ce fut avec un vrai plaisir qu'il enten--
dit prononcer le *felicima nocte*, adieu mille
fois répété des soiréees italiennes. Alors, fermant sa première porte à deux verroux, et se
repliant dans sa chambre qu'il barricade avec
la même précaution, Koustroff allume six bougies pour mieux éclairer l'opération à laquelle il
va se livrer; c'était l'inventaire des malles et
valises, et la reconnaissance de tous les objets
qui y étaient contenus.

Les dames russes ne voyagent point avec la
simplicité des *lady* anglaises; ces dernières soignent l'utile et négligent le luxe, dont elles aiment
à se reposer dans leurs courses. Les dames du
Nord, au contraire, font marcher avec elles
tout l'appareil des grandes toilettes. La malheureuse princesse, s'abusant sur son véritable
état, comptait séjourner dans différentes cours
et voyageait avec tous ses bijoux. Koustroff,
aussi méthodique qu'un huissier procédant à
l'inventaire d'un mobilier qu'on va mettre en
vente, classa les objets avec un ordre admirable, sans même céder à la tentation d'examiner
ceux qui devaient exciter le plus vivement son
avare curiosité. Il déposa d'abord sur le lit les

robes, les fourrures, le linge et les modes de sa
malheureuse maîtresse ; à leur aspect un soupir
s'échappa malgré lui. Le hasard lui ayant fait lever les yeux devant une glace au moment où il
posait le dernier vêtement, il fut frappé de sa
pâleur et de l'altération de ses traits ; mais cette
impression s'effaça lorsque, s'asseyant près
d'une table, il ouvrit la boîte contenant les
écrins. Bientôt cette table étincela du feu des
diamans, des rubis, des saphirs et d'une multitude d'autres pierres précieuses, telles que topazes, améthistes, opales, émeraudes formant
diadèmes, ceintures, peignes, colliers, boucles
d'oreilles, agrafes, bagues, bracelets, chiffres,
enfin toutes les parures inventées par l'art pour
le bon plaisir des femmes. Koustroff, ébloui par
le vif éclat de ces richesses étalées devant lui,
resta pendant une heure dans une sorte d'ex-
tase. « Tout cela est donc à toi, se disait-il
avec un accent étouffé par la joie, te voilà riche, affranchi, indépendant. » Il allait ajouter
et heureux, mais ce mot ne put se frayer passage ; il fut intercepté par un étouffement qui
participait du plaisir et de la douleur ; cependant
ses yeux roulaient avec la vivacité de l'éclair,

d'un objet à l'autre, il semblait n'avoir point
assez de facultés pour cette délicieuse contem-
plation. Quand il l'eut épuisée, il porta des mains
avides sur ces bijoux scintillans, il les touchait,
les changeait de place, et les groupait pour en
augmenter l'éclat. Ce triomphe de la cupidité
était d'autant plus enivrant, qu'initié à la connaissance des diamans par un Génois qu'il avait
beaucoup connu, et qui était lui-même fils d'un
joaillier, il pouvait apprécier, à peu de chose
près, la valeur de sa nouvelle fortune. Cette
estimation exigea de longs calculs et de fréquens
appels à ses souvenirs ; enfin il jugea que la to-
talité des parures, réalisées en argent, devrait
lui donner une somme de quatre-vingt-dix à
cent mille roubles, qui, au change d'alors, faisaient trois cent soixante à quatre cent mille
francs ; il ouvrit sans beaucoup d'empressement
la petite caisse contenant l'argenterie de voyage.
Il fut moins insensible à la découverte d'un sac
de velours vert où se trouvaient cinq cents pièces
d'or qui l'indemnisaient très-amplement des
deux cents sequins donnés à Rolando ; ces deux
cents sequins lui avaient été confiés pour la dépense courante et le paiement des frais de poste.

Ce long inventaire étant terminé, il replaça tout avec ordre dans les écrins, dans les boîtes, et il mit les boîtes dans des tiroirs de commode, qu'il ferma après les avoir couverts de ses hardes.

Il fit ensuite plusieurs paquets de tous les vêtemens de sa maîtresse; car il sentait l'importance de se débarrasser de ce bagage si dangereux; il n'eut pas même le désir de l'utiliser à son profit, sa féconde imagination ne lui fournissant aucun moyen de s'en défaire sans courir de grands risques. Il avait eu l'idée, en visitant le haut de la maison et en apercevant dans le grenier un amas de vieux meubles abandonnés, de coffres à moitié rompus qu'on exile sous les toits et qu'on finit par oublier, de cacher au milieu de ces débris tous les objets dont il voulait s'affranchir; au moment où les horloges sonnaient deux heures, il ouvrit doucement la porte donnant sur l'escalier, et après s'être assuré que le plus grand silence régnait dans l'hôtel, armé d'une lanterne sourde, il monta hardiment l'escalier chargé de la moitié des effets, revint ensuite chercher les autres, et plaça le tout dans de vieilles caisses, qu'il recouvrit soigneusement d'un tas de bois brisé et de chiffons. Après cette opération si utile à son repos, il rejoignit sa chambre sans avoir été aperçu. Cette heureuse témérité augmenta sa confiance. Dans la supposition que, par un hasard presque impossible, on eût, le lendemain, l'idée d'aller fouiller dans ce tas de vieilleries, et qu'on découvrit les paquets : « Depuis quand y étaient-ils! qui les avait déposés? n'étaient-ils pas là depuis long-tems? » Les soupçons ne pouvaient se diriger sur un homme voyageant sans une compagne.

Au point du jour, Koustroff descendit chez l'hôte, et lui dit que, devant chercher un bâtiment qui fît voile pour *Smyrne*, il était dans l'intention de vendre sa voiture. Les aubergistes saisissent toujours avec empressement l'occasion de partager un bénéfice sur les marchés de cette espèce. Celui-ci répondit en donnant l'ordre d'aller chercher son sellier; il n'y avait pas, disait-il, un plus honnête homme dans tout le royaume des Deux-Siciles. Le sellier accourut, examina la berline, fort jolie voiture, mais simple, sans armoirie ni chiffre. Il signala une foule de défauts qu'elle n'avait point; écrasa le vendeur par les termes de l'art prononcés avec

toute la volubilité napolitaine. « Rendez grâce,
dit-il, à la sainte Vierge d'être arrivé à Naples
sans accident; *è un miracolo! una cosa stupenda!* »
Il finit par offrir le tiers de la valeur. Koustroff
vit bien qu'il avait affaire à deux fripons ; mais
il se défendit faiblement, tant il avait à cœur
de faire disparaître tous les objets qui pouvaient
attirer les soupçons. Dès que l'argent fut compté,
le sellier, triomphant, fit emmener la berline,
que son propriétaire vit disparaître avec une
grande satisfaction, semblable à un plaideur
qui, en parcourant un dossier, parvient à sub-
tiliser une pièce importante qui pouvait compro-
mettre sa cause.

Dans le courant de cette journée, Koustroff
s'occupa d'assurer l'exécution de son plan. Il
chercha d'abord une hôtellerie plus modeste,
et commanda à un habile menuisier plusieurs
boîtes plates de marchand ambulant pour la
bijouterie, avec des doubles fonds à secret. Ensuite, il passa chez un fripier, où il acheta un
vieux habit de velours cramoisi râpé, et une
perruque blonde tirant sur le roux. Le surlendemain, il trouva ses boîtes faites, et revint à
l'hôtel, suivi de deux *lazzaroni*, pour enlever

son bagage. En soldant sa dépense, il dit à
l'aubergiste que le bâtiment mettant à la voile,
il allait s'embarquer au point du jour. Il remonta dans sa chambre, et s'affublant de son
vieux habit, qu'il couvrit d'un large manteau,
il s'achemina avec ses effets vers la petite auberge, où il s'annonça comme un juif polonais,
voyageant pour la bijouterie. Son vêtement et sa
perruque lui prêtaient toute leur illusion, d'autant mieux qu'il y joignait l'accent et l'organe
nazillard des gens dont il empruntait l'état et
le costume. Se voyant parfaitement pris pour ce
qu'il n'était point, Koustroff consacra les jours
suivans à l'achat d'une multitude de petits bijoux destinés à remplir les deux premiers tiroirs
de ses boîtes. Le troisième était si habilement
fait, qu'il devenait impossible d'en soupçonner
l'existence. Notre nouveau marchand arrêta son
passage sur une felouque génoise, partant pour
Palerme, et le lendemain, les beaux rivages de
Naples fuyaient devant lui.

Heureusement débarqué dans l'opulente capitale de la Sicile, et tranquille désormais sous
les habits et les allures d'un juif, il put s'in-
troduire dans les palais des plus grands sei-

gneurs pour leur vendre des bijoux. Lorsqu'il était parvenu à gagner leur confiance, il leur montrait un collier, une bague, ou des bracelets, cachés dans le tiroir mystérieux. En peu de tems, il se défit de plusieurs pièces à un bon prix ; la vente des petits bijoux lui donnant aussi beaucoup de bénéfice, il résolut de soutenir cette industrie et d'augmenter, par des voies honnêtes, le bien criminellement acquis.

Après deux mois de séjour, il s'embarqua pour Cadix, et se rendit à Madrid, en passant par Séville et Tolède. Il eut le bonheur, dans ces quatre villes, de se défaire très-avantageusement de toute sa brillante pacotille. Ce succès l'encourageant, il acheta, à Madrid, un grand nombre de pierres précieuses qu'il revendit à Paris et à Londres. Cette dernière ville fut le terme de ses courses, mais non de ses opérations commerciales, qui réussirent au delà de ses vœux. Les seigneurs russes, ayant peu de goût pour l'Angleterre, y voyagent rarement. Koustroff résolut d'y fixer son domicile. Là, il était moins exposé qu'en aucune ville de l'Europe à la rencontre de ses compatriotes. Il ne pouvait se dissimuler qu'une personne qui l'aurait vu à Moscou, où il était resté pendant six mois, pouvait fort bien démêler ses traits sous la perruque *rousse* dont il ombrageait sa figure. Le tems vint à son secours, et le délivra progressivement de ce genre d'inquiétude.

Vingt années s'écoulèrent. Koustroff était devenu un gros lapidaire, et jouissait d'une belle existence; sa fortune s'était considérablement augmentée. Se trouvait-il heureux? non! Deux sentimens violens l'agitaient sans relâche: le remords déchirait son cœur; vainement voulait-il étouffer le souvenir du bois des *Marroniers*; chaque nuit, un fantôme sanglant assiégeait son chevet, et souvent il voyait se renouveler cette apparition redoutable, même pendant le jour; les derniers gémissemens de sa victime retentissaient à son oreille. Quelquefois, au milieu d'une fête, ce bruit importun venait l'assaillir. Au théâtre, la plus légère allusion à cette pensée dominante le faisait fuir comme s'il eût été soudainement percé d'une flèche. Dans ses rapports avec les hommes, tout ce qui lui rappelait l'idée de son crime le jetait dans une affreuse tristesse. Le spectacle de la vertu et de la sérénité qu'elle donne, ne lui était pas moins douloureux. Depuis que sa propre expérience lui avait appris qu'on peut s'enrichir sans l'aide d'un forfait, il ne voyait qu'avec horreur le principe de sa fortune, et s'il eût pu retrancher de ses biens la portion qu'il devait à un meurtre pour jouir de l'autre avec calme, il se serait trouvé le plus heureux des hommes.

Une cause moins vive de chagrin, mais encore très-puissante, était son éloignement de la Russie. Le mal du pays le dévorait; il regrettait les habitudes du Nord, et même les rigueurs du climat. Cette pensée maîtrisait tellement son imagination, qu'il tressaillait de joie lorsqu'une neige abondante lui rendait les illusions du sol natal et de sa chère patrie. Laissons-le se débattre avec ses peines secrètes, et transportons-nous dans le pays qui en était l'objet.

Vers la partie méridionale du gouvernement de Kalouga, un gentilhomme, nommé Voronitcheff, venait de succéder à ses parens dans la possession d'une très-belle terre de deux mille paysans. Le caractère de ce jeune homme était impétueux, irascible, hautain, et son ame

restait étrangère à tout sentiment noble ou généreux. On avait vainement cherché, par des moyens
doux, à modérer la fougue de ses passions.
Fils unique, il abusa de l'indulgence paternelle ;
aussi les paysans donnèrent-ils des larmes sin-
cères à la perte prématurée de leurs respecta-
bles maîtres, prévoyant que le fils n'hériterait
point de leur justice et de cette bonté tutélaire
qui veillait sur eux.

Voronitcheff aimait peu le séjour de la campagne ; les riants tableaux de la nature ne parlaient
point à son cœur. Avant la mort de ses parens,
il faisait de fréquentes courses dans les deux
capitales ; mais, possédé de l'humeur voyageuse
de ses compatriotes, il résolut, dès qu'il se vit
libre, de parcourir les pays étrangers. Vainement, un vieux intendant lui observa-t-il respectueusement que, ses propriétés étant grevées,
il serait prudent d'éteindre les charges avant
d'entreprendre un voyage dispendieux ; son
maître lui ferma la bouche par ces mots : « Mon
père a trop ménagé ses paysans, c'est une du-
perie ; ils sont devenus riches ; fais leur rendre
gorge ; augmente l'obrok ; dans six semaines ,

il me faut de l'argent, entends-tu ! il m'en faut,
c'est ton affaire. » L'outpravitel s'inclina en soupirant ; l'argent fut prêt à point nommé, et Voronitcheff partit pour l'Italie.

Entre Modène et Bologne, l'essieu de sa voiture se brisa ; il fallut s'arrêter à l'entrée de la
nuit dans une auberge de village où se trouvait
la poste. Cette contrariété fut grande, car il
craignait beaucoup l'ennui. Que faire ? que devenir depuis sept heures du soir jusqu'au moment du souper ? Il se promenait à grands pas
dans sa chambre, appelait ses gens pour leur
demander cent fois la même chose, faisait monter l'hôte, commandait et décommandait les
mets qu'on devait lui servir. Enfin, la solitude
lui devenant odieuse, il descendit pour se distraire par un peu de causerie avec les personnes
de la maison. En portant ses regards vers une
grande chambre attenant à la cuisine, il vit une
nombreuse assemblée de jeunes garçons et de
jeunes filles présidée par une femme très-âgée.
La mère Dorothée, maîtresse du logis, était assise dans un grand fauteuil dont le cuir usé et
la forme gothique attestaient l'ancienneté ; il

était facile de reconnaître que depuis plus d'un siècle on s'asseyait de mère en fille sur ce respectable siége.

Dorothée, sa quenouille en main, donnait l'exemple du travail; les jeunes filles, groupées autour d'elle, tressaient des pailles que les garçons leur préparaient; en un mot, c'était une veillée de village. A l'air attentif et un peu effrayé de toutes les physionomies, notre voyageur jugea qu'on écoutait des histoires de voleurs et de revenans; il ne se trompait point. Curieux de prendre sa part de la frayeur générale, il entra dans l'assemblée : la vieille grand'mère l'invita poliment à s'asseoir, et, par déférence pour l'étranger, *Francesco*, le magister du village, consentit à répéter l'histoire que sa présence venait d'interrompre.

« Un Français, natif du Languedoc, voyageait dans le royaume de Naples. Surpris au milieu d'une forêt par un violent orage, il fut contraint de s'arrêter dans un misérable cabaret situé à deux portées de fusil de la grande route. Il demanda à souper et un lit; l'hôte et sa femme avaient des figures épouvantables. Le voyageur, peu soupçonneux, et gai comme le sont, à ce qu'on prétend, tous les Français méridionaux, s'amusa de la singulière mine de ses hôtes, et les plaisanta sur la dureté d'un coq dont ses dents et un fort bon appétit avait bien de la peine à triompher; heureusement, le vin de Calabre le consolait du coq, et il en but copieusement.

» Après souper, on conduisit le Français dans une vilaine chambre. Mourant de fatigue et de sommeil, il allait se coucher, après avoir, pour la forme, tiré une espèce de vieux verroux bien rouillé, lorsqu'une de ses bagues roula sous son lit; il se baisse pour la ramasser, et sa main saisit une main glacée. (A cet endroit du récit, toutes les jeunes filles, par un mouvement très-involontaire, se rapprochèrent des garçons.) On concevra que le voyageur n'avait plus envie de rire. Saisi d'horreur, mais conservant tout son sang-froid, il tire fortement la main qu'il vient de toucher : que voit-il? le corps d'un homme assassiné, et que probablement on n'avait pas eu le tems d'enlever. Trop certain qu'il était tombé dans un coupe-gorge, notre Languedocien chercha les moyens d'échapper au sort qu'on lui préparait; sa présence d'esprit lui en suggéra un qui n'était pas si bête. Vous ne de-

vineriez jamais, mes enfans, comment il s'y
prit... Saisissant le corps, il le place dans le
lit, le coiffe de son bonnet, puis il se glisse sous
le lit et se tapit contre le mur pour attendre
l'événement. Auriez-vous dormi, jeunes filles,
à la place de ce monsieur? — Non, non, dirent-
elles, toutes ensemble. — Eh bien! le Français
ne dormit pas non plus. Au bout d'une heure,
qui lui sembla un siècle, deux hommes soulevèrent une tapisserie qui masquait une petite porte;
ils s'élancèrent vers le lit, et frappèrent de plusieurs coups de stilet le corps qu'ils croyaient
plein de vie. Le voyageur, du fond de sa cache,
eut la malice de pousser un sourd gémissement,
ce qui fit croire aux brigands que tout était
fini. « Il est mort, dit l'un, il ne se moquera
plus de nos coqs rôtis. — Bon voyage, dit l'autre, en prenant la bourse et la montre placées
sur une table, voilà de quoi nous payer sa dépense; allons dormir; demain nous visiterons la
friperie de ces deux gaillards-là. — Tu as beau
dire, j'ai eu bien peur, quand j'ai su que l'autre
y était encore. — Bah! un écervelé de cette
espèce-là ne fait attention à rien; d'ailleurs, il
ne pouvait s'échapper malgré nous. — Sans

doute ; mais il pouvait se défendre. » Après ces mots, ils soulevèrent la tapisserie et disparurent.

Au point du jour, le Languedocien, entr'ouvrant sa fenêtre, en mesura la hauteur, elle n'était pas très-élevée ; il attacha les draps du lit comme il put, et se laissant couler tout doucement, il tomba dans un étroit sentier qui bordait la maison. La frayeur le fit voler comme un oiseau, il s'enfonça dans le bois, et, parvenu à la lisière, il aperçut un grand château vers lequel il s'achemina, c'était celui du duc Maufredonia ; ce seigneur ayant reçu ses dépositions, fit armer tout son monde, et envoya cerner la maison désignée. L'hôte, sa femme et un valet furent livrés à la justice, et subirent la mort peu de tems après leur arrestation. »

Le dénouement heureux de cette triste histoire causa une grande joie à toute la veillée. Alors la mère Dorothée, posant ses lunettes et sa quenouille sur une table, soupira, toussa et dit : « Hélas ! mes enfans, pourquoi raconter les aventures terribles des pays lointains, n'avons-nous pas les nôtres ? Si je vous disais tous les crimes qui se sont commis autour de nous, je

n'en finirais point, et c'est alors que vous vous
serreriez les uns contre les autres, mais dans
ce moment, je ne pense qu'à une pauvre dame
qui était du pays de Monsieur. Vous êtes Russe,
Monsieur? — Oui, bonne femme, répondit Voronitcheff. — C'est ce qu'on m'a dit, et ce qui
me fait penser à la princesse venant de Moscou
et se rendant à Naples. Mais Dieu n'a pas voulu
qu'elle y arrivât. — Et qui donc l'empêcha de
suivre ses projets, reprit Voronitcheff? — La
mort, Monsieur! et une mort horrible, je vous
dirai les détails qui me sont connus. »

Ici toute la jeunesse prêta une vive attention.
« Il y aura vingt ans, le 14 août prochain, cinq
jours après la Saint-Laurent, qui est le patron de
notre *endroit*, que vers les sept heures du soir
je vis s'arrêter devant notre porte une belle voiture de poste; un domestique très-alerte descendit du siége, une jeune femme de chambre
sortit du carrosse, et puis une grande dame bien
pâle et qui semblait très-fatiguée de la route;
sa femme de chambre tomba malade le lendemain, ce qui força cette dame à s'arrêter chez
nous, elle s'appelait la princesse....., attendez
un peu, la princesse.... Excusez-moi, Monsieur,

nous autres Italiens, ne pouvons jamais prononcer les noms de votre pays, enfin cela finissait
en *off*. Je la fis conduire à la chambre cramoi-
sie; c'est celle que vous occupez, Monsieur,
c'est la chambre d'honneur; il y en a peut-être
de plus belle, mais je me flatte qu'il n'en existe
pas de plus propre, même à Florence, où on dit
que les auberges sont comme des palais. Aussi
je ne redoute point l'arrivée d'un grand personnage, on fait de son mieux pour le traiter comme
il convient. Des ministres, des ambassadeurs,
des cardinaux ont dormi tout leur saoul dans
le grand lit cramoisi. C'est peu que tout ça, il y
aura trois ans, le jour de la Toussaint, que
S. A. I. Monseigneur le grand duc de Toscane
a bu dans cette chambre une bouteille de *Lacryma
Christi*, avec quelques officiers de sa cour, pendant le changement des chevaux. Mais je reviens
à la princesse russe; sainte Vierge! quel ange
de bonté que cette femme! elle avait plus de
charité dans son petit doigt que bien des dames
de ma connaissance dans tout leur corps; elle
donna plus aux pauvres des environs pendant
huit jours, que bien des riches ne donnent dans
toute leur vie, et encore allait-elle les chercher,

elle ne les attendait point dans sa chambre ; elle
disait que ces courses lui faisaient du bien. Bon
Dieu! faut-il qu'une femme si excellente ait....
Mais qui sait, notre Sauveur ne veut peut-être
récompenser les bonnes ames que dans l'autre
monde, il y en a tant qui souffrent dans celui-ci.
Elle voyageait pour cause de santé : son valet
de chambre, qui s'appelait *Grégori Koustroff*,
(oh! pour ce nom-là je le tiens, et je ne l'oublierai de ma vie), ne cessait de me dire que sa
maîtresse était condamnée par les médecins, et
il ajoutait avec un sang-froid qui me révoltait :
« Son plus grand bonheur serait de mourir. » La
pauvre chère dame ! le jour où elle me quitta
pour se rendre à Bologne, elle alla à notre
messe. Elle disait que ça ne se passait pas tout-à-
fait de même dans vos églises, mais que partout
il fallait prier Dieu. J'ai toujours pensé depuis
qu'elle avait un pressentiment de sa fin, car je
la vis pleurer à la messe. En partant, elle me
confia sa femme de chambre, trop malade pour
la suivre, et fit écrire sous sa dictée au valet de
chambre des instructions qu'on laissait à cette
fille pour le moment où elle rejoindrait sa maîtresse.

» Douze jours après ce départ, le curé d'un petit village situé derrière les bois bordant le grand chemin, étant venu visiter notre bon pasteur, lui dit que l'avant-veille des bûcherons avaient trouvé dans un ravin, sous des feuilles et des branches, le corps d'une femme déjà en putréfaction : les vêtemens et une belle croix cachée dans son sein, indiquaient que c'était une personne d'un rang distingué. On appela des gens de justice sur les lieux, la croix et les vêtemens furent déposés au greffe.

» Dès que je connus le récit du curé, la peur me prit, et je fus au presbytère. Mère de Dieu! tous les détails sur la robe, le chapeau et particulièrement la croix me firent fondre en larmes ; il n'y avait plus de doute, la princesse avait été assassinée le jour même de son départ. Il faut aussi vous dire que notre vieux postillon, qu'on appelait Rolando et qui l'avait conduite, disparut le surlendemain sans avertir personne. Le garçon d'écurie nous apprit à tous que souvent il l'avait vu causer avec le valet russe, et que même il allait boire dans la chambre de ce dernier, raison de plus pour croire que ces deux scélérats s'étaient entendus pour tuer la princesse et voler tout ce qu'elle possédait ; je fis ma déclaration , et j'envoyai le signalement de Rolando, mais je n'ai point entendu dire qu'on soit parvenu à saisir les assassins.

» Pour finir cette triste aventure, je vous dirai qu'en revenant du presbytère , plus morte que vive, je racontai tout à mon mari ; malheureusement la femme de chambre se trouvant un peu mieux, descendit doucement l'escalier et m'écouta sans que je la visse ; *Saint-Laurent* m'est témoin que je ne la savais pas si près. Que n'ai-je pu retenir ma langue ! Nous entendîmes du bruit derrière cette même porte que voilà : j'y courus et je trouvai la malheureuse fille étendue sur les dernières marches. Nous fîmes appeler le fameux docteur *Valentia*. Mais tout son savoir ne servit à rien ; on sait ce que c'est qu'une rechûte dans les grandes maladies ; cette fille, très-attachée à sa maîtresse, et frémissant de rester seule à une si grande distance de son pays, ne put supporter ce coup ; elle mourut dans nos bras. L'argent destiné à son voyage et celui qu'on retira de la vente de ses hardes, suffit à peine pour payer les frais de médecin, d'apothicaire et d'enterrement. J'ai conservé soigneusement son extrait

mortuaire, et les écritures de ce Koustroff.
Permettez-moi, Monsieur, de les remettre entre vos mains ; peut-être dans ce grimoire indé-
chiffrable pour M. le curé et pour notre magister
que voilà, trouverez-vous le nom de la respectable princesse que je regrette encore. Léonarde
(c'était le nom d'une vieille servante) , tiens,
prends cette clé, ouvre la grande armoire en
bois de noyer, au troisième rayon, tu trouveras
ma robe de mariage enveloppée d'une serviette ,
porte-moi les papiers qui sont dessous. »

Léonarde, ayant rempli les ordres de sa maîtresse, la vieille Dorothée remit à Voronitcheff un rouleau de papier attaché avec un ruban noir ; celui-ci le prit d'un air indifférent,
et par complaisance pour son hôtesse : on voyait
qu'il ne mettait pas plus d'intérêt à ces écritures
qu'à l'histoire qu'il venait d'entendre. On lui
annonça son souper ; il salua négligemment et
disparut. La bonne Dorothée, lorsqu'il fut parti,
ne put s'empêcher de dire : « Ma foi, tous les
Russes ne ressemblent point à celui-là, car
presque toujours ils m'ont paru gracieux, affables et bons vivans. »

Tout en soupant, Voronitcheff jeta un re-

gard distrait sur les papiers : la seule chose qu'il
remarqua fut l'écriture des instructions données
par le valet de chambre ; les caractères de cette
écriture avaient des formes très-bizarres. Au
point du jour, la voiture étant réparée, il se remit en route. Nous ne le suivrons point dans ses
courses, qu'il prolongea pendant cinq ans ; mais
l'exactitude de notre narration exige que nous
retournions avec lui dans sa terre.

Son absence n'avait point amélioré ses affaires, malgré l'intelligence et la bonne gestion de
l'intendant. Voronitcheff (alors âgé de trente
ans) était, comme nous l'avons dit, capricieux
et fantasque ; les voyages secondèrent merveilleusement ce travers : il avait, de plus, un
amour d'ostentation très-disproportionné avec
sa fortune ; il acheta, en Italie, une foule de
tableaux et d'objets d'art sur lesquels on le
trompa, d'autant mieux qu'il se croyait très-
connaisseur. De Paris, il expédia des meubles
somptueux, souriant à la folle idée d'exciter la jalousie de ses voisins. L'intendant se
permit quelquefois, dans ses lettres, de res-
pectueuses doléances et des observations sur
la difficulté de se procurer de l'argent ; les ré-

ponses de son maître étaient laconiques, mais toujours menaçantes.

En arrivant, il se montra dur avec tout le monde et ingrat pour le pauvre *outpravitel;* celui-ci gémissait d'appartenir à un si méchant seigneur; mais le sort le clouait au joug; il fallait le subir; la mort seule pouvait le rompre. Un des plus graves inconvéniens de cette domination qu'exercent les Russes sur leurs vassaux, c'est l'immobilité d'une position fâcheuse à laquelle rien ne peut les dérober : fort heureusement les méchans maîtres sont des exceptions.

Voronitcheff apprit qu'une très-belle terre, située à quelques werstes de la sienne, avait été achetée, peu de mois après son départ pour l'étranger, par un *M. Paradikin*, personnage que nul ne connaissait dans la contrée. Sa surprise fut extrême, quand on le mit au courant du singulier genre de vie du nouveau propriétaire, qui n'avait voulu voir personne, ni établir de relations avec aucun de ses voisins; toujours il répondait par un refus poli à leurs invitations; il sortait fort rarement de ses domaines, et restait invisible à tous les regards avec une affectation qu'on ne pouvait s'expliquer. La première année, le commérage du canton s'exerça vivement sur ce personnage mystérieux; mais ce terme écoulé, on ne s'occupa plus de lui. Les hommes ne pardonnent guère la singularité; elle est l'objet de leur dénigrement et de leur malice. Cependant, les caractères soutenus finissent par fatiguer la critique; de guerre lasse, elle les abandonne à leur manie lorsqu'elle les voit bien résolus à ne point en dévier. Ainsi, quand Voronitcheff arriva, tout le monde, depuis fort long-tems, avait pris son parti sur l'existence bizarre de *Paradikin*; d'ailleurs, cette bizarrerie avait un côté digne des plus grands éloges, et qui devait lui concilier l'estime générale. Le nouveau propriétaire améliorait chaque année le sort de ses paysans; son gouvernement était paternel et doux; il demandait peu et accordait beaucoup; aussi ces bonnes gens parlaient-ils de leur maître avec un accent d'affection et de reconnaissance; et ce concert de louanges retentissait dans la contrée. Voronitcheff écoutait les détails qu'on lui donnait avec un amer dépit : cette conduite noble et généreuse était une critique tacite de la sienne. Une sorte d'affront, que sa vanité lui suscita, mi tle comble à l'humeur que lui causait ce voisinage.

Se trouvant un jour dans une nombreuse réunion, il annonça que son intention était d'aller chez *Paradikin*; il ajouta, avec assurance, que, non-seulement il serait reçu, mais qu'il se lierait d'amitié avec lui. Aussitôt un défi général lui fut porté; mais il était de ces gens qui n'admettent point l'idée d'une résistance. Le jour suivant, il se rendit chez l'invisible voisin : ayant demandé à le voir, l'intendant fut appelé, et lui offrit respectueusement les excuses de son maître. Voronitcheff insista d'un ton impérieux et prétexta une communication importante. Quelques instans après, *l'outpravitel*, qui avait été prendre de nouveaux ordres, déclara positivement, au nom de son maître, qu'il ne recevait personne, et que si on avait à lui communiquer quelque chose, on pouvait lui écrire ; que rien au monde ne lui ferait changer ses habitudes. L'impétueux Voronitcheff eut beau s'emporter, tous les gens, alignés comme des soldats à la parade, opposèrent à ses tentatives pour entrer dans les appartemens une haie silencieuse et immobile ; enfin, lorsqu'il reconnut l'inutilité

de ses efforts, il se retira en menaçant et la
rage dans le cœur. Dès ce moment, il conçut
pour l'homme qu'il ne connaissait point une
haine sourde, mais impatiente de se montrer
à découvert : les occasions manquèrent à sa fureur ; *Paradikin* n'offrait aucune prise ; bientôt
son ennemi fut distrait de ses bizarres ressentimens par de fréquens voyages à Moscou et à Pétersbourg, où il passait les hivers ; il finit par
oublier qu'il haïssait son voisin.

Quatre années s'écoulèrent sans qu'il existât
le moindre rapport entre ces deux hommes.
Durant ce long intervalle, des bruits très-désa-
vantageux à la réputation de Voronitcheff circulèrent dans le district ; on parla même d'une
procédure criminelle entamée par le tribunal ;
mais la plainte de l'*ispradvuik* fut étouffée et
mise au néant : l'intrigue bâillonna la justice.

L'homme mystérieux ignora ces rumeurs ; le
monde se concentrait pour lui dans ses belles
possessions ; son tems se partageait entre la gestion de ses biens et des pratiques religieuses ;
car il avait une piété sincère qui se manifestait
par de continuelles actions de bienfaisance. A la
nouvelle d'un incendie ou d'une inondation, ses

paysans étaient toujours les premiers sur le terrain envahi par les eaux ou par la flamme ; le
seigneur marchait à leur tête. Ce n'était plus
alors le misanthrope, le sauvage *Paradikin*, mais
un homme courageux, intrépide, se précipitant
au plus épais du danger pour lui arracher une
victime. Conduits par un maître qu'ils adoraient,
ses paysans faisaient des prodiges. Il n'était pas
rare d'entendre dire dans les assemblées de
la noblesse : « Sans le secours de Paradikin,
mon village eût été entièrement consumé. »
D'autres disaient : « Cet homme est une vraie
salamandre ; il traverse un incendie sans se brûler un cheveu. » Enfin, les gens du peuple as-
suraient avoir vu saint Basile., une croix à la
main, le protéger contre les flammes.

Dès qu'on n'avait plus besoin de lui, Paradikin montait à cheval et se sauvait au galop,
comme s'il venait de commettre une mauvaise
action. La reconnaissance ne pouvait l'atteindre ;
il reprenait toute sa sauvagerie ; on ne le voyait
plus, on n'entendait plus parler de lui.

Lorsque les intempéries de la saison rendent
les travaux urgens, les seigneurs se prêtent mutuellement leurs ouvriers. Dans l'année dont

nous parlons, la surabondance des pluies déso-
lait le gouvernement de *Kalouga*; les céréales
étaient menacées; chacun avait recours à l'obligeance de ses voisins pour hâter les récoltes.
Paradikin était le plus avancé dans ses moissons.
Cela devait être; en fait de travaux non rétri-
bués, les bras vont comme le cœur leur dit d'aller : c'est l'affection qui dirige les ressorts.
. Privé de ce levier puissant, Voronitcheff était
plus retardé qu'aucun autre, et tous ses voisins
lui refusaient secours. Espérant que le personnage mystérieux avait perdu le souvenir de la
scène ridicule dont nous avons parlé, il lui écrivit pour réclamer son aide. *Paradikin* n'avait
rien oublié; mais, trop généreux pour refuser,
il répondit obligeamment que le surlendemain,
au point du jour, il enverrait trois cents paysans.

Voronitcheff, en lisant le billet de son voisin, éprouva un étonnement qu'il ne pouvait
s'expliquer. Les caractères de l'écriture, quoique très-lisibles, étaient formés si bizarrement,
qu'il en fut singulièrement frappé. Plus il les regardait et plus ils excitaient son attention. En-
foncé dans son fauteuil, il cherchait à se ren-

dre compte de sa préoccupation. Bientôt il se
lève, et parcourant son cabinet à grands pas :
« Ces caractères ne me sont pas inconnus, se
disait-il ; je les ai vus quelque part ; mais où ?
dans quelle circonstance ? dans quel tems ? c'est
la première fois que le sauvage Paradikin m'a-
dresse une lettre, et cependant je reconnais
cette écriture, son aspect me trouble; elle me
retrace confusément une époque remarquable.
de ma vie. »

Tant d'intérêts avaient absorbé son esprit
depuis ses voyages ; tant d'inquiétudes avaient
dévoré son cœur, que les appels faits à sa mémoire restèrent long-tems sans réponse. Le désir de percer les nuages dont s'enveloppaient ses
souvenirs lui fait passer en revue les dix dernières années de sa vie. Il y procède avec ordre,
méthodiquement et sans oublier le plus petit
anneau de la chaîne qu'il parcourt. Tout à coup,
comme frappé d'un trait de lumière, il s'élance
vers une pièce servant de bibliothèque et de
chancellerie, il va furetant dans les rayons,
jette avec humeur, sur le plancher, d'énormes
liasses qui se reposaient, depuis trois générations,
de la main crochue des avocats et des juges. Il

s'irrite, frappe du pied et s'emporte contre des objets inanimés, comme s'ils devaient craindre les effets de sa colère; enfin, au milieu des flots de poussière qui remplissaient la chambre, il découvre un petit paquet de papiers, attachés d'un ruban noir : c'étaient ceux que lui avait remis Dorothée, sa vieille hôtesse italienne. Voronitcheff, ivre de joie, retourne dans son cabinet; ses doigts tremblans de saisissement ouvrent la liasse. Il voit l'instruction laissée à la femme de chambre de la princesse russe, par le valet de chambre. Il met en regard de cette écriture la lettre de Paradikin. L'identité des caratères est évidente, c'est la même personne, c'est la même main! c'est Koustroff qui les a tracés. Voronitcheff pousse un cri de victoire; une joie infernale éclate dans ses regards. Il ne peut se lasser de contempler l'écrit qui va servir sa haine contre un voisin dont il envie la fortune et la bonne renommée. « Ah! s'écrie-t-il, je te tiens enfin, mystérieux Paradikin! une volonté du ciel, un hasard inconcevable me rend l'arbitre de ta destinée, de ton repos à venir; je te le ferai payer cher ce repos....... Je veux....... Oui! ce papier trahit la sanglante origine de ta fortune! Quel bonheur pour moi de te démasquer! de te livrer au bras tardif de la justice! de déshonorer ta tranquille vieillesse par la révélation d'un forfait enfoui dans la nuit des tems! Mais peut-être ce mystère profond où je viens de porter la lumière servira-t-il à relever ma fortune délabrée..... Ne précipitons rien; que la joie d'un succès inouï ne nous égare point; sachons la modérer, et tâchons de concilier notre haine avec des intérêts plus puissans encore. »

Il descendit dans son parc pour respirer l'air. Le soleil éclairait de ses teintes riantes les noirs sapins qui ombrageaient cette sinistre demeure. Dans sa course rapide, il retrouva assez de calme pour arrêter son plan. Dès qu'il en eut fixé toutes les dispositions, il rentra chez lui, et, trop impatient pour perdre une minute, il demanda son *droschky*. Quelques secondes étaient à peine expirées, lorsque la voiture s'avança. Voronitcheff s'élance en disant au cocher : *dom Paradikin*. L'esclave, étonné, tourne la tête, croyant avoir mal entendu; l'ordre fut répété d'une voix tonnante, et le droschky s'achemina vers les possessions de celui que les uns appelaient l'homme bienfaisant, les autres, l'homme

invisible. Cette fois, Voronitcheff s'arrangea
pour qu'il ne le fût pas pour lui. Il se souvenait
trop bien de la manière dont il avait été écon-
duit pour arriver directement, et demander une
audience qu'on lui aurait refusée. A deux portées de fusil de l'habitation, il fait placer sa
voiture dans une clairière du taillis, ordonne au
cocher de l'attendre, et, quittant la grande
avenue, il se dirige par un sentier pour n'être
point aperçu. Ce petit chemin débouchait sur
une pelouse en face de la partie orientale de la
maison. Evitant soigneusement le passage des
cours et le vestibule où se tiennent les gens,
Voronitcheff se glisse dans la chapelle, et pé-
nètre par une porte latérale à l'escalier dérobé
que Paradikin descendait pour entendre l'office.
Voronitcheff avait obtenu une parfaite connaissance de ces localités dans les longs bavardages
qu'excitaient les bizarreries de son voisin. Parvenu au haut du petit escalier, il ouvre brusquement une porte, et se trouve en face de Paradikin,
qui, confondu de cette apparition, laissa voir la
violente contrariété qu'elle lui causait. « Eh
quoi! Monsieur, dit-il, vous avez l'impolitesse
de forcer ma porte et d'entrer chez moi par

surprise; c'est mal reconnaître un bon procédé; demain, trois cents paysans devaient.........— Je n'ai que faire de vos paysans, répliqua Voronitcheff en l'interrompant; il s'agit de plus hauts intérêts que ceux d'une misérable récolte. — Vous n'avez donc pas reçu ma lettre? — Oui, oui; soyez tranquille, elle est entre mes mains cette lettre, que le ciel vous inspira d'écrire pour en faire l'instrument de votre perte. »

Paradikin ne s'étonna point d'abord du ton menaçant de son voisin, connu pour un homme violent et hautain. « Sortez, Monsieur, s'écria-t-il d'une voix ferme; sortez à l'instant; je n'ai rien à démêler avec vous, et votre étrange conduite m'affranchit de tout égard. — Que je sorte, misérable, reprit Voronitcheff, en croisant les bras sur sa poitrine; c'est à toi de sortir d'une maison que tu ne dois qu'à un lâche assassinat, et au vol qui en fut la suite. — Que prétendez-vous, Monsieur, par une imputation aussi ridicule qu'odieuse; sortez de chez moi, vous dis-je, ou vous me forcerez à méconnaître les droits de l'hospitalité; il n'en existe point pour celui qui viole indignement l'asile d'un homme de bien. — Dis plutôt d'un scélérat.

Quant à ma sûreté, apprends que je ne crains
ni toi, ni tes gens; eh! plût au ciel qu'ils fussent tous ici, je leur dévoilerais le crime et la
honte de leur maître. — Monsieur, c'est trop
m'outrager, et..... — Silence, silence, te dis-
je; cette arrogance n'est plus de saison; tout à
l'heure, quand tu m'auras entendu, tu seras là,
à mes genoux, implorant ma pitié; tu verras en
moi l'arbitre de ta fortune, de ton honneur et
de ta vie. — Moi, vous implorer; jamais! Si
j'étais assez malheureux pour vous craindre, je
sais trop bien qu'il n'y a rien à espérer d'un
homme comme vous. » Alors Voronitcheff se
rapprochant de son ennemi, et s'efforçant de
donner à ses traits un calme qui rendait leur expression plus effrayante, il lui dit à voix basse :
« Ecoute, Koustroff, car c'est là ton véritable
nom ; qu'as-tu fait de la princesse que tu suivis
en Italie, il y a trente ans? Elle n'est plus re-
venue dans sa patrie ; qu'en as-tu fait? réponds. »
A cette vive interpellation, Paradikin resta immobile, et ne put dérober aux regards de son
ennemi le bouleversement de ses traits; cependant, faisant effort sur lui-même, il répondit :
« De quelle princesse me parlez-vous? je n'ai

point voyagé en Italie. — Non, Monsieur Paradikin n'a pas fait le voyage d'Italie; mais
Koustroff, esclave et valet d'une princesse russe,
y suivit sa maîtresse, et ce valet, c'est toi. —
Monsieur, à mes habitudes, à mon entourage, et
surtout à ma conduite honorable dans cette province, il est facile de reconnaître que je ne fus jamais le valet de personne; c'est un nouvel outrage.
Je vous répète, Monsieur, que cet entretien me
fatigue; je finirai...., — Tu éludes mon accusation, homme hypocrite. Eh bien! je vais y répondre pour toi. Tu as assassiné la princesse,
sur la route de Bologne, entre la poste de *La-
goscuro* et celle de *Polesella*. Cette belle maison, ces grands domaines, et cette foule d'esclaves qui t'obéissent, tout cela est le prix du
sang de ton infortunée maîtresse; quoique versé
depuis bien long-tems, ce sang n'est pas tellement effacé qu'il ne crie contre toi. J'ai passé
sur le théâtre du forfait, c'est là qu'il me fut
révélé. La Providence m'a choisi pour être ton
accusateur, et demain, tu seras traîné devant
les juges. »

A chaque seconde, le trouble de Paradikin
augmentait; cependant il répliqua d'une voix

faible : « L'infâme calomnie dont vous voulez
me noircir me cause plus d'indignation que de
surprise ; je savais que vous étiez mon ennemi :
n'êtes-vous pas celui de tous vos voisins? Au
surplus, de vaines accusations dénuées de preuves... —Dénuées de preuves! répéta Voronitcheff
avec ce rire affreux du méchant, crois-tu donc
que, si j'en manquais, je serais à présent devant
toi? Koustroff, te souviens-tu du postillon qui
servit ta fureur? Rolando!... Tu pâlis à ce nom,
il n'est point effacé de ton souvenir ; eh bien!
reconnais encore ces caractères tracés de ta main
coupable : c'est l'instruction laissée à la femme
de chambre malade ; elle est signée par toi. Depuis ce tems, ton écriture n'a point changé; ta
lettre, que j'ai reçue hier soir, en fait foi; dis
donc, si tu l'oses, que je manque de preuves. »
Ces derniers mots ne furent point entendus de
Paradikin ; au nom de Rolando, et à l'aspect
de l'écrit fatal, il était tombé sans connaissance
dans son fauteuil. L'accusateur triomphe ; cet
évanouissement est un aveu tacite du crime : il
se garde bien d'appeler au secours. Des témoins
nuiraient à ses projets ; il fait respirer un flacon
de vinaigre à Paradikin, qui, en ouvrant les

yeux, frémit de se voir si près de son ennemi, et balbutia ces paroles : « Monsieur, ne me perdez pas ! quel mal vous ai-je fait ? »

De ce moment, le ton de Voronitcheff changea entièrement ; il abandonna les formes accusatrices pour adopter les manières simples d'un négociateur vénal, qui oublie le crime et une stérile vengeance des lois pour ne s'occuper que de ses intérêts personnels.

« Votre sort est entre mes mains, monsieur Paradikin, vous avez trop de jugement pour en douter ; vous me priez de ne point vous perdre, cela dépend de vous. Je vous laisse le choix entre les tribunaux, qui vous infligeraient une punition éclatante, et la sentence d'un voisin miséricordieux. — Que voulez-vous dire, Monsieur ? — Ce que vous comprenez de reste, monsieur Paradikin, mais je ne crains point de m'expliquer clairement. Prenez-moi pour juge, si vous voulez que j'abandonne mon accusation ; soumettez-vous sans restriction à l'arrêt que je vais prononcer. — Quel est-il ? — Le voici. La cupidité produisit le crime. Ce crime doit s'expier par un sacrifice d'argent. — Ah ! j'aurais dû vous deviner plus tôt. Et quelle est la

somme?... — Cent mille roubles *. — Comment,
Monsieur, y pensez-vous? C'est plus que.....
— Pas un kopek de moins, mon cher voisin.
Il faut que dans huit jours, au plus tard, cet
argent me soit compté. A ce prix, je m'engage,
par tous les sermens qu'il vous plaira de dicter,
à laisser dans une nuit profonde le secret qu'un
hasard m'a fait pénétrer. Je brûlerai sous vos
yeux l'écrit qui doit vous perdre. — Monsieur,
quand je le voudrais, ce sacrifice est tout-à-fait
au dessus de mes forces. — Rien n'est impossible quand il y va de l'honneur et de la vie.
Songez donc que le knout et le travail dans les
mines sont une expiation plus amère et plus dure
qu'un sacrifice d'argent. Combien de coupables
se trouveraient heureux de racheter au prix de
tout ce qu'ils possèdent le sang qu'ils ont versé !
Je ne vous demande peut-être pas le tiers de
votre fortune. Rejeter cet arrangement serait
une insigne folie. »

Depuis l'instant où Voronitcheff laissa voir sa
basse vénalité, où, à la scène la plus violente,
succédèrent les termes plus doux d'un marché,

* Cette somme faisait alors quatre cent mille francs.

Paradikin s'était remis de son trouble, et peu à peu son ame ressaisit l'énergie qui lui était habituelle. La présence d'un homme aussi vil ne l'intimidant plus, il se replaça sur le terrain de la défensive.

« Que parlez-vous toujours de sang versé? dit-il. Après tout, me suis-je déclaré coupable du meurtre que vous m'imputez? Effrayé de vos menaces et du ton hautain que vous prenez avec moi, j'ai pu céder un instant à la situation extraordinaire où me plongea subitement votre haine. L'innocence n'est point à l'abri d'un sentiment d'effroi. Ne puis-je démentir, devant les tribunaux, ce moment de faiblesse qu'il vous plaît d'envisager comme un aveu? Vous avez, dites-vous, des preuves; mais où sont vos témoins? je les crois un peu loin de nous. Quelle importance peut-on attacher à une ressemblance d'écriture? Les caractères ne peuvent-ils pas être grossièrement imités pour provoquer ma ruine? enfin, ne convenez-vous pas que trente ans se sont écoulés depuis la disparition de cette dame? — J'entends; d'avance vous préparez vos artificieux moyens de défense. — Pourquoi pas? A vous parler fran-

chement, je pense que M. Voronitcheff n'obtien-
drait pas plus de confiance devant un tribunal
que Paradikin. — Parfaitement raisonné ; et
sans doute espérez-vous encore vous sauver par
la prescription du délit? mais vainement l'in-
voquerez-vous : il est des fautes d'une nature
telle que le tems ne saurait les absoudre; la
vôtre est hors des limites de la clémence des
juges et du souverain. Songez que mon accusation vous replonge dans le rang d'esclave; vous
n'êtes sorti de cette classe que par le crime,
vous n'êtes ennobli que par lui et par le nom
dont vous couvrez celui que vous portiez au village. Pensez-y; je suis le seul tribunal devant
lequel il vous reste des voies de salut ; soumettez-vous. — Et quand il y aurait nécessité de
me soumettre, qui m'assure la validité d'un pacte
avec vous? » Dans ce moment, Paradikin, en-
visageant son adversaire, trouva sur cette physionomie tant de fausseté et quelque chose de si
ironique, qu'il n'hésita plus; il reprit, avec une
dignité qui confondit Voronitcheff : « Monsieur,
je n'accepte point le marché proposé ; il répugne à
ma conscience ; je dirai plus, lors même que je
m'avouerais criminel, mes principes me feraient

la loi de rejeter vos offres ; j'aimerais mieux encourir les arrêts de la justice que d'aggraver ma faute en me prêtant à une vile spéculation : telle est ma résolution ; elle est inébranlable. Soyez mon accusateur, vous le pouvez ; mais, pour mon juge, vous ne sauriez l'être ; je n'en connais point d'autres que ceux institués par les lois du pays. — Vous n'êtes point encore revenu de votre saisissement, mon cher voisin, et vous parlez comme un homme égaré qui court à sa perte. Je suis plus de sang-froid ; je vois les choses comme vous les verrez lorsque votre haute raison reprendra son empire. Demain, faites-moi connaître vos intentions ; elles règleront ma conduite. Si vous persistez dans vos refus, si vous voulez devenir votre propre bourreau, j'irai à Pétersbourg, je vous dénoncerai au procureur général de l'empire, je lui ferai le récit que je tiens de la vieille Dorothée, et je mettrai sous ses yeux un témoignage irrécusable ; de plus, je rechercherai les parens de votre victime, je les exciterai contre vous : pour cela, je n'aurai qu'à leur parler de vos richesses, qui, dès ce moment, sont leur propriété. Vous le voyez, je ne vous prends point en traître..... Vous ne répondez pas? Comment dois-je interpréter votre silence ? — Comme la confirmation de ce que je vous ai déclaré. Monseur, si vous me connaissiez plus particulièrement, vous sauriez que mes résolutions sont irrévocables lorsque mes principes me les ont dictées. — Vos principes!..... eh! malheureux, rappelle-toi donc le passé! Allons, je te laisse vingt-quatre heures pour réfléchir; penses-y bien : d'un côté, une vieillesse douce et honorable; de l'autre, l'infamie du supplice et de durs labeurs dans les entrailles de la terre : voilà ce qui t'attend ; choisis. » Après ces mots, Voronitcheff disparut, et reprit le même chemin pour rejoindre sa voiture.

Délivré de sa présence et de l'horrible contrainte qu'elle lui inspirait, Paradikin resta abîmé sous le poids d'une profonde douleur. Une scène si longue et si violente venait de rouvrir toutes ses blessures ; ses remords, quelquefois assoupis et jamais étouffés, se réveillèrent dans toute leur force ; peut-être étaient-ils plus poignans que le sentiment de terreur dont on l'avait frappé. Appelant à son aide la religion , cette puissante consolatrice, il descend dans son temple, et, se prosternant aux pieds du Christ rédempteur , il s'humilie devant la volonté divine , qui permet rarement qu'un grand coupable reste impuni. Il implore la miséricorde céleste, il offre à Dieu tout ce qu'il a souffert, tout ce qu'il va souffrir. Au milieu d'une prière si ardente , un déluge de larmes vint soulager ses tourmens. Bientôt il quitta l'église en se soumettant à l'avenir orageux qui déjà grondait sur sa tête.

Maintenant , pour expliquer la résolution courageuse de Paradikin, et son étrange refus d'acheter un secret qui peut le perdre , il est nécessaire de remonter un peu haut et d'éclairer le lecteur sur un personnage qui ne quittera plus la scène ; on verra que dans un seul individu il existe pour ainsi dire deux hommes tout-à-fait différens l'un de l'autre.

Le premier, comme on sait , est un esclave , un valet dont la jeunesse fut empoisonnée par de mauvaises liaisons. Mais, sous divers rapports , son éducation fut plus soignée qu'elle ne l'est communément dans cette classe. Il avait appris à côté de ses jeunes maîtres, enlevés de bonne heure à la tendresse maternelle , les langues française , allemande et italienne , ainsi que les élémens de quelques autres connaissances ; elles fructifièrent dans son esprit naturellement vif et intelligent. Lorsqu'il atteignit vingt-cinq ans , cette éducation, supérieure à son état, lui faisait sentir avec amertume l'ennui d'une position humiliante. Maîtrisé par le besoin de s'en affranchir, et dévoré de la soif de l'or, son dévouement et sa fidélité à ses maîtres fléchirent devant la faveur des circonstances, qui semblèrent toutes s'aplanir pour l'exécution d'un grand crime, et pour son impunité. Déjà on a pu voir, par la profondeur et l'habileté avec laquelle il enveloppa ce forfait de voiles impénétrables, quelle était la prudence de son caractère et l'énergie de ses résolutions.

Les succès prodigieux qu'il obtint dans une industrie lucrative , lui ouvrirent de nouvelles destinées ; le scélérat devint honnête homme. « Mon Dieu, se disait-il souvent, puisqu'il est si aisé de s'enrichir par des voies justes, pourquoi avoir surchargé mon ame d'un poids qui l'accable, qui gâte à jamais ma vie et toutes mes jouissances de fortune? » Dès-lors, par un changement bien rare dans le cœur des per-

vers, il voulut se rattacher à l'honneur et
à la vertu ; il se promit à lui-même d'être un
commerçant loyal, et il se tint parole. Observateur scrupuleux de ses engagemens, et ne se
permettant pas la plus légère atteinte à la bonne
foi, il se concilia l'estime et la confiance générale. Quand on avait quelque chose à vendre,
c'est chez lui qu'on le portait, bien persuadé
qu'il était incapable d'en diminuer la valeur. Se
préparait-il un mariage, c'est lui qui vendait les
diamans, qui faisait démonter et remonter les
vieilles parures ; dans tous les cas douteux, dans
toutes les estimations de bijoux, il était con-
sulté comme l'organe de la bonne foi. Ainsi, la
stricte probité servit encore mieux sa fortune
que son étoile ne pouvait le faire, et ses rapports
continuels avec la bonne compagnie, en polis-
sant ses mœurs, achevèrent de lui donner le
goût de la considération et de l'estime des honnêtes gens. Généreux et porté à la charité comme
le sont naturellement les Russes, il fit sur ses
bénéfices une large part aux malheureux ; il
n'attendait pas qu'ils vinssent à lui, il les cherchait. Londres, où il fixa son séjour, fut le
théâtre mystérieux de sa bienfaisance ; ses secours

s'adressèrent quelquefois à des compatriotes malheureux, quoique la prudence lui fît une loi de
ne point les reconnaître pour tels. Il avait particulièrement soigné les dernières années d'un gentilhomme nommé Paradikin, vieillard ruiné depuis long-tems par de folles dépenses sur le sol
étranger. Emu de reconnaissance pour la touchante hospitalité de Koustroff, et pour les soins
dont il entoura sa vieillesse, ce vieux Russe dé-
sira que son bienfaiteur quittât son nom pour prendre le sien ; en mourant il lui laissa tous ses papiers et ses titres. C'est après cette mort que Koustroff avait enfin cédé au désir de revoir sa patrie,
et d'y acheter, sous le nom de Paradikin, une
terre dans un gouvernement éloigné du lieu de sa
naissance. Cette acquisition s'étant faite sans obstacles, le nouveau propriétaire avait embrassé
une manière d'être conforme à sa singularité ;
sa misanthropie provenait moins du désir d'é-
chapper à des dangers qui semblaient ne plus
exister pour lui que d'un grand amour de la solitude : les dissipations du monde répugnaient à
ses habitudes laborieuses. Tel est le personnage
qu'un hasard inoui menace d'arracher au repos

des champs et à la tendre vénération de ses vassaux.

A présent, reprenons le fil de notre récit, e t
replaçons-nous avec le pécheur dévoilé dans les
angoisses d'une situation presque désespérée.
L'âge pouvait avoir modifié le caractère énergique de Paradikin, mais il ne lui avait rien ôté de
cette promptitude de jugement qui mesure l'immi-
nence d'un danger, et imagine un moyen de s'y
soustraire; quoique troublé par les accusations
imprévues de son ennemi, il avait réfléchi qu'on
ne pouvait faire aucun fonds sur ses sermens et
ses vaines promesses. « Quand j'obtiendrais, se
disait-il, au poids de l'or, l'anéantissement de
l'écrit redoutable qu'il possède, quel sera mon
garant contre de nouvelles atteintes? Au premier appel de ses créanciers, à la première perte
faite au jeu, l'avide créature viendra renouveler
ses menaces et ses exigences; ma fortune sera
à la merci de cet homme sans foi, et lorsque je
l'aurai épuisée par les achats réitérés de son silence, sa rage me dénoncera et me suscitera le
procès criminel dont il prétend m'affranchir aujourd'hui. Ainsi les derniers instans de ma vie

seront le jouet de ses fureurs et de sa cupidité; li-
vrons-nous plutôt à la sévérité des lois. J'ai pour
moi trente années de repentir et quelques bonnes
actions, laissons marcher la destinée. »

La journée suivante s'étant écoulée sans que
l'on vît arriver un message de Paradikin, l'impatient, le fougueux Voronitcheff lui dépêcha
le lendemain de grand matin son intendant, avec
ordre de lui demander un *oui* ou un *non*. Pas
davantage.

La réponse fut encore plus laconique que la
demande; la voici : « *Non.* ».

Grégorieff revint au galop du cheval, et
rapporta fidèlement la réponse du voisin. Son
maître entra en fureur et vomit cent impréca-
tions. L'intendant même ne fut point épargné,
on s'en prenait à lui du mauvais succès de
sa course; chose fort injuste, puisque c'était
un ambassadeur sans instructions et sans pou-
voirs. Il fut renvoyé brusquement pour comman-
der les voitures de voyage; Voronitcheff voulait
partir le lendemain matin, il espérait que la
promptitude de ce départ effrayerait le voisin,
et qu'il se soumettrait au sacrifice demandé. La
nuit survint, Grégorieff fut appelé dans le cabi-

net de son maître, qui lui donna ses ordres avec sa douceur accoutumée. « Ecoute-moi bien, *dourak* *, et malheur à toi si tu ne fais point exactement ce que je vais t'ordonner ! J'ai dit pour tout le monde que mon voyage serait très-rapide, que je courrais nuit et jour ; mais tu sauras, toi, que je ne marcherai qu'à petites journées. Voici mon itinéraire, toutes mes stations y sont désignées ; si M. Paradikin, avec lequel je traite d'une grande affaire, envoyait ici, tu devras sur-le-champ m'expédier *Andréa Alexiovitch;* qu'il coure comme le vent jusqu'à ce qu'il me trouve ; tu lui remettras l'argent nécessaire pour les frais de poste ; va-t-en, et fais-moi réveiller à six heures. »

Le lendemain, tout étant prêt, Voronitcheff monta en voiture ; il avait calculé qu'il arriverait à huit heures devant la maison de Paradikin : c'était le moment où celui-ci, très-exact dans ses habitudes, entendait la messe. Nous avons dit que la chapelle était située à l'une des ailes de la maison ; la porte extérieure donnait sur le grand chemin. Voronitcheff fit arrêter et

* Imbécille, butor.

entra dans l'église; Paradikin ne se détourna point, et continua de prier ; après l'office les domestiques sortirent par la grande porte. Au moment où leur maître se disposait à regagner son petit escalier, Voronitcheff l'aborde en lui disant : « Je pars pour Pétersbourg, ma calèche est là ; M. Paradikin (et il appuya ironiquement sur ce nom) n'a-t-il point d'ordres à me donner? — Je n'ordonne qu'à mes gens, monsieur ; bon voyage, et que les volontés de Dieu s'accomplissent. —M. Koust......, M. Paradikin, veux-je dire, peut s'en rapporter à mon zèle et à ma volonté de le bien servir. » A ces mots, il sortit et remonta dans sa voiture qui s'éloigna rapidement. Tout en cheminant, il était frappé du ton calme et résigné qu'avait montré Paradikin dans cette courte entrevue; il perdit même un peu l'espérance d'être rappelé; toutefois il ne changea rien aux dispositions de son voyage. Mais , dès ce moment, sa haine, dominée jusqu'alors par l'avarice, reprit tous ses droits; il se consolait du désappointement des *cent mille roubles ,* par la douce expectative de la punition qu'on infligerait à Koustroff. Il jouissait de la publicité qu'il allait donner à un grand crime, et de la

considération qu'elle attirerait sur le dénonciateur.

Cependant, après la disparition de son mortel ennemi, Paradikin resta glacé d'épouvante
et d'horreur. Surpris dans la maison de Dieu, à
ce moment où l'ame semble se détacher par la
prière de toutes les affections terrestres, il avait
répondu avec dignité, et comme un homme
soumis à sa mauvaise fortune ; mais la nature
est souvent plus forte que le caractère. Déchiré
d'inquiétude, il se traîna péniblement jusqu'au
haut de la maison, dans une chambre d'où l'on
voyait se dérouler la route des deux capitales ; là
il aperçut les voitures de son ennemi, leur vitesse
oppressait son cœur ; il eût voulu pouvoir les
retenir. Sa résolution chancela, il descendit,
appela ses gens, donna l'ordre de seller le meilleur cheval, et, la minute d'après, contremanda
cet ordre. Enfin, honteux de laisser voir l'agitation et l'anxiété de son esprit, il fit un grand
effort sur lui-même ; son profond mépris pour
l'homme qui le persécutait fortifia ses premières
résolutions. Peu à peu il reprit du calme ; et,
pour ne pas succomber à de nouvelles tentations,
il sortit et s'enfonça dans la profondeur d'un

bois, méditant sur les moyens de défense qu'il pourrait employer dans sa cause.

Maîtrisé par son émotion, il marchait au hasard, et s'aperçut bientôt qu'il s'était égaré dans la forêt : un bruit se fit entendre au plus épais du bois ; il tressaillit et se disposait à fuir, lorsqu'il se trouva en face de *Grégorieff* qui, étonné de voir dans ce lieu écarté celui qu'on ne voyait jamais, lui dit avec un air de satisfaction : « De par saint Nicolas, monsieur Paradikin, si ce matin on m'avait dit que je rencontrerais une figure humaine dans cette forêt, j'eusse nommé le grand turc avant de songer à vous : depuis l'incendie au village du général, la veille de la Pentecôte, je ne crois pas que vous soyez sorti de vos domaines, où vous vivez comme un saint hermite. Dieu sait si je suis content de vous voir, malgré que votre courte réponse d'hier m'ait valu une terrible rebuffade. » En toute autre circonstance, Paradikin eût été vivement contrarié par la présence de l'intendant ; mais, dans l'état de son ame, il éprouva une sorte de soulagement à l'aspect de la figure joviale de Grégorieff, qu'il reconnut aussitôt. « J'ai marché avec distraction, répliqua-t-il, et, ayant perdu mon chemin, je suis sorti de mes domaines, ce qui m'arrive bien rarement. — Vous êtes sur nos terres, seigneur Paradikin; quand je dis *nos*, excusez l'irrévérence, il faut dire sur celles du seigneur Voronitcheff, mon très-honoré maître; que le ciel le conduise. — Il est donc parti? — Oui, Dieu soit loué; est-ce que j'aurais un visage aussi riant s'il n'était pas déjà à une vingtaine de werstes? A vous parler franchement, sa présence m'étouffe; dès qu'il part, je me sens gai, dispos; c'est comme si l'on me délivrait de deux ou trois *pouds* de plomb que j'aurais sur la poitrine! et ne croyez pas que je sois le seul à me réjouir; au village, ils sont dans la joie de leurs cœurs. Hélas! je sais bien qu'il reviendra, et avec lui tout ce qui me chagrine : que faire? je souffrirai faute de mieux; mais né pensons pas à cela. Aujourd'hui je suis heureux comme un seigneur, et il n'y a point de lendemain pour nous autres Russes. — C'est donc un maître bien dur? — Dur! il y a du fer dans cette ame-là; ses volontés sont un marteau qui frappe sans cesse; quant à l'enclume, seigneur Paradikin, vous la voyez devant vous! en ma qualité d'intendant, je suis le premier souffre-douleur du village. J'ai connu des gens dont la méchanceté se repose; la sienne! jamais. Il se réveille en colère, et se couche tout de même. Bon Dieu! est-il bien sûr qu'il soit le fils de son père, et surtout de sa mère. Les excellens maîtres! je les pleure encore. — Eh bien, Grégorieff, console-toi, il n'est guère meilleur avec ses voisins, je viens d'en faire l'épreuve. — Ma foi, je ne sais ce qu'il y a entre vous; mais hier votre réponse, quoique fort courte, le mit dans une rage... Je vis l'instant où il me battrait, ce n'eût pas été la première fois; cependant je ne pouvais pas lui dire *oui*, lorsque vous m'aviez ordonné de dire *non*. Il m'accabla de toutes les injures qu'il aurait voulu vous adresser, comme si vous m'aviez donné procuration pour les recevoir; au surplus que peut-il vous faire? votre rang vous met à l'abri de ses poursuites, vous n'êtes pas son serviteur, vous? — Non, sans doute, mais ma position ne l'arrête point : jaloux de mon repos, de ma fortune, furieux d'avoir été repoussé de chez moi lorsqu'il revint de l'étranger, il a juré ma perte; croirais-tu qu'il m'accuse d'un meurtre commis il y a trente ans, à six cents lieues d'ici ? — A peine ces derniers mots furent-ils prononcés, qu'un bouleversement subit s'opéra sur la grosse figure de Grégorieff : à l'expression riante de ses traits, succéda la teinte la plus sombre; Paradikin ne savait que penser de ce changement, quand l'intendant reprit à voix basse : « Il vous accuse d'un meurtre, lui!.... c'est un mot qui ne devrait jamais sortir de sa bouche. — Que veux-tu dire ? — Toute la vérité; suivez-moi, seigneur Paradikin, j'écarterai les branches en marchant devant vous, et nous irons nous asseoir dans un ravin que les paysans appellent le rendez-vous des ours; c'est l'endroit le plus retiré de la forêt : là je pourrai tout vous dire sans crainte d'être entendu, à moins que les sapins et les bouleaux n'aient des yeux et des oreilles. — Pourquoi veux-tu me mener si loin ? — Si loin! c'est l'affaire d'une werste: ne craignez rien avec moi, je ne ressemble point à mon maître, Dieu merci! Vous voyez cet instrument, il sert à marquer les arbres que nous allons vendre à un riche entrepreneur; pauvres arbres! coupés avant le tems, ils paieront les folies que leur maître va faire à Pétersbourg. Les ouvriers vont venir sur le terrain de la vente, je serais perdu si on nous voyait ici causant mystérieusement ensemble; mon maître m'en ferait un crime. — Eh bien! je te suis, » répondit Paradikin, pleinement rassuré par la physionomie de Grégorieff qui avait repris son expression habituelle.

Tous deux percèrent l'épaisseur du bois, dans le plus grand silence. Arrivés au but, ils s'assirent auprès d'une marre d'eau, sur des bruyères séchées par l'ombrage touffu d'un vieux orme. C'est là que l'intendant commença son récit en ces termes : « A dix werstes d'ici, se trouve un petit domaine habité par la veuve d'un pauvre gentilhomme. Ce bon voisin était fort aimé de mes anciens maîtres. Pendant l'été, il venait continuellement dîner chez nous avec sa femme; ils étaient traités dans la maison comme des amis, comme des parens. Le fils de mes maîtres avait tenu sur les fonts l'enfant de ce gentilhomme, jolie petite fille que nous aimions tous. Ce baptême fut l'occasion d'une grande fête donnée à tout le village. Beaucoup de générosité d'une part et une grande reconnaissance de l'autre, augmentèrent l'amitié qui unissait la riche et la pauvre famille. Dix ans après la

naissance de cet enfant, notre seigneur et sa
femme moururent presque en même tems. Leur
fils usa de sa liberté et de sa fortune pour
voyager. Son absence dura cinq années. Dès la
première, notre bon voisin succomba à une
longue maladie, laissant sa femme et sa fille
presque dans la détresse, ce qui n'empêcha pas
Mme Volkoff, c'est le nom de la veuve, de
donner à son enfant une belle éducation.

» Mon maître revint, après avoir dévoré
d'avance trois ou quatre années de nos revenus
(je veux dire des siens). Le lendemain, il fut
rendre visite à ses voisines. Sa filleule avait alors
dix-sept ans ; elle était d'une beauté!... je n'en
ai point encore vu de pareille. Le seigneur ne
pouvait plus reconnaître cette petite fille, à
laquelle il portait jadis des poupées et des bonbons. Du premier coup, il devint amoureux,
mais d'un vilain amour, car il n'était pas ca-
pable d'aimer honnêtement. Il ne quittait presque plus la maison. Il accablait de cadeaux
la mère et la fille. Mme Volkoff, très-bonne
femme, mais très-peu clairvoyante, ne devinait
rien et ne voyait dans tout cela qu'un bon parrain. Cependant, plus il donnait et moins on l'ai-

mait. Machinka, timide, craintive, cachait son éloignement pour le bienfaiteur de sa famille sous un air de respect et de reconnaissance.

» Malgré tous ses empressemens, mon maître n'avançait point. Furieux d'une résistance sur laquelle il n'avait pas compté, en vrai Satan, il eut l'idée d'acheter la femme de chambre de la maison. Cette malheureuse vendit l'honneur et le repos de sa jeune maîtresse; Machinka ne put échapper à un piége qu'on lui tendit. Je n'ai pas bien su comment tout cela se passa. C'était un soir, on avait éloigné la mère. Bref, le lendemain la malheureuse demoiselle tomba malade et fut en danger pendant plusieurs jours. Elle se remit à la fin, mais elle prit en horreur celui qui avait si cruellement abusé de son innocence. Elle voulait tout confier à sa mère; elle fut retenue par les menaces du parrain, par l'idée du désespoir qu'elle causerait à Mme Volkoff, et aussi par la crainte de la priver des bienfaits de son protecteur; elle cacha donc l'affreuse vérité. Ah! seigneur Paradikin, parlez-moi d'être riche, on aime qui on veut, on épouse qui nous plaît; dans tous les états, la pauvreté ne vaut pas le diable.

» Depuis ce moment, Machinka prit si bien ses mesures, que jamais son parrain ne put se trouver seul avec elle. Sous le prétexte de sa santé, elle s'établit dans la chambre de sa mère, et ne la quittait non plus que son ombre. Mais plus elle fuyait, plus elle montrait de froideur et de mécontentement, plus le parrain était amoureux. C'est ce que j'ai toujours vu chez nous, pauvres gens, si on nous aime, nous aimons encore mieux, mais chez vous autres seigneurs (excusez-moi, *Gospodin*) c'est tout le contraire. Si la belle Machinka avait partagé les sentimens de mon maître, il l'aurait abandonnée au bout de quinze jours.

» Quelque tems après, mon maître, triste, jaloux et découragé, fit une assez longue absence, et aussitôt sa filleule reprit un peu de gaîté. Cette dernière fois il resta trois mois à Moscou. Dans l'intervalle, Mme Volkoff et sa fille furent invitées à une belle fête chez un général, ancien ami du père, qui habitait la ville du district. Il s'y trouva beaucoup de monde. C'était la première fois que Mlle Volkoff se montrait dans une grande assemblée. On la trouva belle ; les jeunes gens étaient ravis d'admiration ;

on les voyait tourner près d'elle, comme des papillons autour d'une lumière. L'un d'eux dansait presque toujours avec Machinka, et lorsqu'il ne dansait point, il avait mille attentions pour la maman. Celui-là était donc le plus amoureux, comme vous allez voir.

» Ces dames revinrent chez elles, et, huit jours après, le général écrivit à madame Volkoff pour lui demander la main de sa fille au nom du jeune danseur; il se rendait garant de sa fortune, qui n'était point à dédaigner, et de ses excellentes qualités, chose plus essentielle encore.

» La mère, enchantée de trouver pour sa fille un parti qu'elle n'osait espérer, adressa des remercîmens au général, en lui annonçant que, d'après sa recommandation, elle autorisait les visites du jeune homme. Machinka ne le revit point avec indifférence : on s'avoua mutuellement qu'on s'aimait. Cependant, on résolut de n'adresser une communication à monseigneur le parrain qu'après avoir reçu le consentement de la famille du promis.

» En revenant de Moscou, M. Voronitcheff trouva encore plus de froideur dans les manières de sa filleule. Peu de jours après, la perfide femme de chambre le mit au courant de tout ce qui s'était passé pendant son absence ; cela fit un beau train. Une ourse, à qui on enlève ses petits, est moins furieuse que ne le devint notre amant jaloux et toujours rebuté. Madame Volkoff fut accablée d'injures ; il lui reprocha son ingratitude, la menaça de mettre opposition au mariage, improuva le choix de celui qu'il appelait un homme de rien ; enfin, il déclara, avec arrogance, que lui seul avait le droit de s'occuper de l'établissement de sa filleule. Après avoir dicté ses volontés, comme s'il eût pu disposer souverainement de cette famille, il partit sans vouloir écouter les représentations de la mère, et sans être ému par ses larmes. Machinka n'était point présente à cette scène ; elle s'était cachée dès qu'elle avait entendu les pas du cheval de son terrible parrain.

» Un mois se passa sans que mon maître revînt chez la veuve. On crut qu'il avait pris son parti et qu'il consentirait au mariage. Je n'étais pas si confiant ; car je savais qu'il s'enfermait souvent avec notre maréchal, qui est son ame damnée ; il y avait des conciliabules. Je me mis à épier cet homme, le plus mauvais sujet de tous nos paysans; je le surpris plusieurs fois revenant, entre onze heures et minuit, par le chemin qui conduit chez Mme Volkoff; il se rendait aussitôt dans l'appartement de son maître. Cependant, comme on ne parlait d'aucun méfait, je finis par croire que le seigneur et le valet tramaient quelque intrigue amoureuse dans les environs.

» Tout à coup, mon doux seigneur, de sombre qu'il était, devint gai comme un chat qui joue à cache-cache; il nous traitait même avec douceur : c'était une chose si nouvelle, que la maison prit tout à coup un aspect joyeux : il est si facile de rendre contens ceux qui nous entourent! Qui le sait mieux que vous, monsieur Paradikin? Vos paysans sont plus heureux que bien des gens libres comme l'air des champs.

» Un jour, c'était la veille de la Saint-Michel, je ne l'oublierai de ma vie, mon maître me fit demander; il était seul. J'avais fait une longue course; je paraissais fatigué; il me dit de m'asseoir, ce qui ne lui était jamais arrivé. De peur d'avoir mal entendu, je m'appuyai seulement sur le dossier d'une chaise.

« Grégorieff, dit-il d'un air de confiance,

tu sais que je me suis fortement opposé au mariage de ma filleule avec le jeune homme présenté par ce sot général ; mais j'ai pris des informations dans sa province ; elles sont toutes à son avantage , il est d'une bonne famille ; il aura cinq cents paysans ; ç'est plus que ne pouvait espérer Mlle Volkoff, qui n'a presque rien ; enfin, le parti est convenable, je me chargerai du trousseau. Il faut que tu ailles sur-le-champ prévenir ces dames de mes dispositions. J'ai été un peu injuste avec elles , et je dois réparer ma faute. Mais, comme demain je pars pour Moscou, dis à Machinka qu'il est urgent qu'elle vienne aujourd'hui même pour des arrangemens indispensables ; le mariage se fera à mon retour. Prends la calèche, parce que Mme Volkoff viendra avec sa fille , et même, si tu trouves le galant au logis , dont il ne désempare point, prie-le, de ma part, de se joindre à ces dames ; je les attends tous les trois. Va, mon enfant, et ordonne à Andréa-Mikhaëlovitch de te mener bon train, »

» Je sortis du cabinet, tout ravi d'être chargé d'une si bonne commission ; je ne pesais pas une once, et le cocher me mena au grand galop. En arrivant, je fus un peu déconcerté d'appren-

dre que Mme Volkoff était indisposée, et hors d'état de soutenir le mouvement de la voiture. Quant au promis, il venait de partir pour Kalouga par ordre de son général. Malgré tout cela, je ne conçus aucun soupçon. On me fit entrer chez la maman; je lui rapportai tout le discours de mon maître, en ajoutant qu'il serait bien chagrin de ne voir qu'une personne au lieu de trois. A la seule pensée d'aller chez son parrain, Machinka éprouva un grand saisissement; elle était pâle comme une morte; je crus qu'elle allait s'évanouir; elle nous déclara qu'elle aimerait mieux mourir que de retourner dans cette maison. Sa mère la blâma beaucoup; elle lui représenta qu'elle devait profiter des bonnes intentions de son parrain; que cette réconciliation serait agréable au général et à son protégé; qu'il ne fallait pas mettre les torts de son côté, ni se faire un ennemi implacable du fils de leurs anciens bienfaiteurs.

» J'appuyai cette exhortation, et j'y joignis mes instances : « Ne craignez rien, dis-je à Mlle Volkoff, je ne vous quitterai pas d'une minute; vous reviendrez très-satisfaite de cette entrevue; mon maître veut vous tenir lieu de père;

oh! il est tout autre! De grâce, ne l'indisposez
point par un refus qu'il ne pardonnerait peut-être
jamais! » Que vous dirai-je, monsieur Paradikin? la pauvre jeune fille céda. « Vous le voulez,
dit-elle à sa mère en l'embrassant, je n'hésite
plus. Quoi qu'il arrive, ce sera une consolation
pour moi de vous avoir obéi. Allons, Grégorieff,
partons, et que Dieu me protége. »

» Au moment de monter en voiture, on appela vainement la femme de chambre; on vint
nous dire qu'elle s'était donné une entorse. Cet
incident fit pâlir sa maîtresse; je vis le moment
où elle ne partirait point; mais sa mère la dé-
cida, en lui disant : « Ma fille, tu me l'as promis. » Hélas! la pauvre femme, si elle avait su
la vérité!... mais cela devait être.

» Dès que Machinka aperçut la grande avenue bordée de hauts sapins, saisissant fortement
mon bras, elle me dit, d'un ton qui me fit frémir:
« Grégorieff, au nom du ciel! ne me laisse pas
seule avec ton maître, et s'il t'ordonne de t'é-
loigner, cherche dans ton ame honnête la force
de lui désobéir. » Bientôt nous descendîmes sous
le vestibule; contre l'usage, nous n'y trouvâmes
point de domestiques. »

Ici, Grégorieff s'interrompant, se leva pour voir si personne n'écoutait ; il prêta l'oreille : on n'entendait que le bruit lointain de la coignée, et les chants monotones des bûcherons. Tranquillisé par cette recherche, il reprit sa place et continua sa narration :

« Déjà nous avions monté l'escalier qui conduit à l'appartement de mon maître, lorsqu'à l'entrée du corridor une porte s'ouvrit, et le maréchal se présenta. « Par ici, » dit-il. Machinka entra ; j'allais la suivre, lorsque cet homme, me barrant le chemin, s'écria : « Le maître vous attend, allez prendre ses ordres. » A ces mots, la filleule me regarda, et ce regard m'alla au cœur ; il m'accusait de l'avoir trompée. Je voulus résister à ce diable de maréchal ; mais il me poussa et me ferma la porte au nez : tout cela fut plus rapide que l'éclair. Je me rendis dans le cabinet du maître ; sa figure me glaça de crainte. Ce n'était plus cet air riant qui m'avait abusé le matin ; sa mine était bouleversée et ses mouvemens convulsifs ; il ne me dit pas un mot de mon voyage, et m'ordonna durement d'aller dresser une note générale pour les travaux qui restaient à faire dans le mois :

c'était un prétexte; on ne voulait que m'éloigner.
Il fallut obéir ; mais, en quittant mon maître,
je me promis bien , si la chose était possible,
d'épier toutes ses actions.

» Ah! seigneur Paradikin, comme je me re-
pentis alors de n'avoir point écouté les pres-
sentimens de cette malheureuse fille! Hélas! les
remords que me donne cet affreux souvenir se
mêleront à mon dernier souffle ! Mais comment
n'aurais-je pas été la dupe de cette détestable
hypocrisie? plus fin que moi y eût été pris. Depuis son bas âge, M. Voronitcheff s'était toujours
montré à visage découvert; jamais je ne lui vis
prendre la peine de déguiser ses sentimens et de
cacher sa méchanceté : tous les défauts ne sauraient se trouver dans le même individu. Il est
difficile d'être à la fois hypocrite et violent, fougueux et fourbe; mais l'atroce jalousie de mon
maître lui permit de réunir tous ces contraires.
Pour en venir à ses fins, il eut la patience de
faire le bon homme. Enfin, c'est parce que je
le connaissais trop bien qu'il lui fut plus aisé de
me tromper.

» Voulant dérouter l'attention, dans le cas où
je serais épié, je montai dans ma chambre,

mais je n'y restai pas long-tems. J'ouvris doucement ma porte, et me glissai le long du corridor : le plus grand silence régnait dans la maison. J'avais remarqué en arrivant que les gens
étaient tous employés à des travaux extérieurs,
dans la partie la plus éloignée du jard'n. Je
m'avançai sur la pointe des pieds jusqu'à la
porte du cabinet de mon maître, et comme je
n'entendis aucun mouvement, je pensai que
mademoiselle Volkoff allait être conduite dans
une salle basse, à l'extrémité du logis; c'était
le lieu consacré aux conciliabules tenus par le
seigneur et ses affidés. Si mes calculs étaient
justes, le choix de cette pièce pouvait me mettre à même de voir tout ce qui allait se passer.
Du vivant de mes pauvres maîtres, on y jouait
la comédie. Le bon vieillard, lorsque ses souffrances l'empêchaient de se mêler à sa société,
venait, en robe de chambre, voir le spectacle
dans un petit cabinet suspendu, et placé comme
une espèce de loge en face du théâtre. Je ga-
gnai ce cabinet sans être aperçu; la porte en
était ouverte, les méchans ne s'avisent jamais
de tout; un petit rideau, recouvrant des vitres
cassées, me permettait de tout entendre et de

tout voir. Il n'y avait encore personne dans la salle. J'aperçus une table couverte d'un vieux tapis, et deux flambeaux allumés à cause de l'obscurité de la pièce, dont l'unique fenêtre était ombragée par de grands arbres; un fauteuil devant la table, et à quelque distance une chaise. Enfin une écritoire et quelques papiers épars sur le tapis donnaient à tout cet arrangement l'aspect sinistre et sombre d'un tribunal secret. Vous allez voir que c'en était un.

» Au bout de trois minutes, le seigneur entra suivi de la pauvre demoiselle. Il ordonna au cocher et au maréchal de rester dans la pièce voisine. Dès qu'il eut fermé la porte, mon maître dit à sa filleule de prendre place; elle s'assit sur la chaise comme sur une sellette, à quelques pas du fauteuil. Je m'étonnai de la fierté de son maintien; il me semblait qu'elle avait grandi depuis une demi-heure; sa figure n'était point abattue, elle exprimait le mépris et l'indignation. Dès qu'elle fut assise, je ne la vis plus, car elle me tournait le dos. Mon maître parla le premier. La scène que je vais vous rendre est tellement restée dans ma mémoire, que je puis vous la dire sans presque y changer un mot.

» — Machinka Alexiéwena, daignez m'apprendre comment votre parrain, le bienfaiteur de votre famille, n'a été prévenu de votre mariage que par le bruit public? — Monsieur, le général nous avait fait la loi de ne vous confier ses projets qu'après la réception du consentement des parens : ce consentement n'est arrivé que depuis peu de jours ; sans l'indisposition de ma mère, vous auriez déjà reçu cette communication. — Mais elle n'était pas malade lorsqu'on lui demanda votre main ; cette lettre devait m'être transmise le jour même ; c'était à moi à dicter la réponse ; votre mère manqua à la fois aux bienséances et à la reconnaissance qu'elle me doit. Comme deux folles, vous vous êtes jetées à la tête de ce jeune homme, vous l'avez admis sans mon autorisation, craignant sans doute que je ne désapprouvasse une liaison d'amour avec un inconnu. — Un inconnu! Monsieur, il ne l'est point pour le général, ni pour nous ; mais avant de prolonger cet interrogatoire étrange, permettez-moi de vous dire que tout m'étonne ici : le lieu où nous sommes, le ton que vous prenez, et l'opposition de ce langage avec celui que Grégorieff employa en votre nom. A l'en croire, vous ne m'appeliez que pour donner votre approbation à l'établissement honorable qui se prépare pour moi; à l'en croire, les renseignemens que vous aviez pris vous rendaient impatient de concourir à mon bonheur; que veut dire ce changement subit dans vos dispositions? — Ce qu'il veut dire, malheureuse! que ta trahison et ta lâche inconstance m'ont condamné à une feinte indigne de moi; j'ai trompé Grégorieff, j'aurais trompé l'univers entier, tous les moyens m'étaient bons pour t'avoir en ma puissance. Allons, Machinka, quitte ce ton arrogant; il ne convient point à ta situation. Fille ingrate, as-tu donc oublié ma tendresse, les bienfaits que nous répandîmes sur tes parens? Ne te rappelles-tu point que ton vieux père, en mourant, implora ma protection pour sa fille? — Ah! Monsieur, n'évoquez pas cette ombre chère et sacrée! Elle vous condamne, elle vous crie du fond de la tombe : « Qu'as-tu fait de l'innocent dépôt que je te confiai? tu as trahi toutes les lois de l'honneur! tu as été plus cruel que le vautour qui déchire sa victime! tu as avili la tienne!

— Eh bien! par cela même, n'êtes-vous

pas mille fois plus coupable en trompant lâchement celui qui veut vous donner son nom! Le crédule jeune homme ignore que vous fûtes à moi; mais si vous ne renoncez à sa main, j'irai moi-même le désabuser; j'irai le sauver du déshonneur de choisir pour femme celle qui fut.....

» — Ne prenez pas ce soin, Monsieur; je vous ai devancé; ma conscience le voulait; j'ai obéi; au risque de perdre le bonheur de toute ma vie, j'ai fait cette douloureuse confidence. J'ai révélé ma honte. Mon malheur, la franchise de mes aveux et mes larmes prouvaient à la fois mon innocence et votre infamie. »

» A ces mots, les traits du parrain offrirent l'expression la plus effrayante; je craignis un moment qu'il ne se précipitât sur la jeune fille avec le canif qu'il tenait. Il enfonça la lame de ce canif dans le bras du fauteuil avec tant de force, qu'il ne put parvenir à la retirer.

« Misérable! s'écria-t-il d'une voix qui fit retentir les voûtes de la salle; tu cours à ta perte, en me parlant ainsi. Je le savais trop bien que tu ne m'as jamais aimé; mais te voir en aimer un autre est un outrage que je dois et que je puis venger.

» — Monsieur, je vous estime encore assez pour ne pas vous craindre. Vous n'abuserez point de la confiance avec laquelle je suis venue chez vous, seule ; je me suis livrée à votre loyauté et aux promesses de Grégorieff ; vous les violez par l'interrogatoire humiliant que vous me faites subir. Je vous en conjure, qu'on me reconduise chez ma mère ; c'est sous ses yeux que cette explication doit finir. N'oubliez point, Monsieur, que vos droits sur moi vous obligent à me protéger, et non à me poursuivre de votre haine. Ne vous opposez plus à mon bonheur. — Ton bonheur ! et, que m'importe, lorsque cette alliance détruit le mien. J'aimerais mieux........ Ecoute, je puis faire beaucoup pour toi ; mais si tu résistes à mes bontés, si tu ne copies à l'instant l'écrit que je vais te lire, tu ne sortiras plus de cette maison. Machinka, sous cette salle il existe un lieu où la lumière ne pénétra jamais. Persiste encore dans tes projets de mariage, et tu auras prononcé ton arrêt ! Oui, tu y descendras ; tout est préparé pour t'y recevoir, et,...

» — Ces menaces ne m'épouvantent point. Le soin de votre honneur, de votre sûreté, est bien plus important que le triste intérêt de satisfaire vos ressentimens. Quoique pauvre, me croyez-vous sans appuis, sans défenseurs? Le général, le gouverneur de la province, celui..... mais, avant tout, l'amour maternel viendrait me réclamer, et rompre mes fers. Laissez-moi donc retourner chez ma mère; ouvrez votre ame à des sentimens plus doux.

» — Il dépend de toi d'être libre à l'instant. J'y mets la condition que tu transcriras mot à mot cette lettre. Ecoute-la, tu décideras ensuite de ton sort et du mien. »

» Alors M. Voronitcheff lut très-vite un billet adressé au promis. Je ne saurais dire tout ce qu'il contenait; c'était un congé absolu pour le jeune homme. On y faisait dire à Machinka que la crainte de déplaire à sa mère l'avait fait consentir au mariage; mais qu'elle n'aimait point celui qui prétendait à sa main; que depuis long-tems son cœur n'était plus libre. La lettre était terminée par un ordre formel au promis de ne plus mettre le pied chez elle.

» Jusque là, cette jeune fille n'avait opposé à des discours outrageans qu'une fermeté no-ble et point blessante; mais malheureusement elle ne put se contraindre jusqu'au bout. Lors-que mon maître, qui avait posé l'écrit sur la

table, lui dit de s'approcher pour le copier, sa
filleule se leva brusquement, prit la lettre, la
déchira et la foula à ses pieds, en s'écriant :
« Ciel! avez-vous pu croire que je prêterais ma
main à cette infamie! — Malheureuse! que fais-
tu! et si moi-même je réclamais le titre d'époux!
si......... — Vous, mon époux? grand Dieu! j'aimerais mille fois mieux la mort. » A ce mot,
échappé involontairement, mon maître, furieux
de jalousie, saisit un serre-papier de marbre, et
le lance contre sa victime, qui tombe évanouie.
Le sang ruisselait à travers ses longs cheveux
blonds; le marbre avait porté sur la tempe.
J'entendis un profond gémissement; Machinka
n'était pas morte. Son bourreau appela le maréchal et le cocher; il leur dit quelques mots à
voix basse; alors ils enlevèrent le corps gisant
sur le plancher, et sortirent par une petite
porte donnant sur une cour plantée d'arbres.
Mon maître revint s'asseoir devant la table; il
s'y appuya, et, cachant son visage dans ses
mains, il resta dans cette position jusqu'au moment où le maréchal rentra, et dit d'une voix
sépulcrale : « *Pomarla* *. — Tout est donc fini,

* Elle est morte.

reprit son maître. Je ne le voulais point ; mais elle a couru au devant de sa destinée. » Et en prononçant ces mots, sa figure exprimait la terreur et le plaisir de la vengeance. Il se promenait à grands pas, tandis que le cocher, rentré dans la salle avec un vase rempli d'eau, nettoyait le plancher inondé de sang. Tous deux prirent ensuite un flambeau pour s'assurer qu'il ne restait aucune trace de l'assassinat. Après quoi les lumières furent éteintes ; tout le monde disparut, et je restai dans l'obscurité. Je sortis de la loge, tenant en main mes souliers pour ne point faire de bruit, et j'eus le bonheur de regagner ma chambre sans rencontrer personne. L'horloge sonnait huit heures ; la nuit était sombre, et un vent du nord-est ébranlait la maison. Je me jetai tout habillé sur mon lit, et plus mort que vif ; l'affreux spectacle de la soirée ne me quittait point.

» Peut-être vous étonnez-vous, seigneur Paradikin, que je sois resté tranquille spectateur d'un acte aussi barbare, mais il fut l'effet de la violence. Ce terrible dénoûment était imprévu , même par l'assassin ; le marbre partit comme l'éclair. Si je m'étais montré alors , j'aurais certainement été victime d'un second forfait sans utilité pour cette malheureuse fille. En épiant mon maître, je voulais savoir ses projets afin d'en avertir la pauvre mère ; je ne croyais qu'à des menaces et tout au plus à quelques instans de captivité pour forcer la filleule à rompre son mariage.

» Dès que le jour parut, j'entendis une voiture rouler devant le perron, j'ouvris doucement ma fenêtre, et je vis l'assassin monter dans une calèche attelée de quatre chevaux de front ; son départ me soulagea beaucoup. Je craignais, dans ce premier moment, de ne pouvoir lui cacher l'horreur qu'il m'inspirait. Une heure après je descendis sous le vestibule, les gens rassemblés causaient vivement ; le maréchal était au milieu d'eux, commençant la journée, suivant sa coutume, avec sa bien-aimée vodka (eau-de-vie). Je lui demandai, d'un air que je tâchai de rendre indifférent, à quelle heure on avait reconduit Mlle Volkoff chez sa mère ! « A l'entrée de la nuit, me répondit le scélérat, en avalant son dernier verre ; mais de par saint André, Grégorieff, vous ne la verrez plus, à moins que vous n'alliez prier sur son cercueil avec le

pope, qui pendant deux jours va réciter des
psaumes près du corps de la pauvre fille. — Que
voulez-vous dire! — Parbleu, qu'elle est morte,
cela n'est-il par clair? Voyons! il n'y a que vous
dans le village qui ne le sachiez point; c'est ce
dourak de Dmitri qui fit ce mauvais coup. En la
reconduisant chez sa mère, n'a-t-il pas été la
verser dans le ravin d'*Oulmo*, qui est rempli de
roches plus pointues que des aiguilles? Le misérable! Machinka, en roulant, s'est frappée à la
tempe, lui s'est démis le poignet; mais il s'est
relevé, l'ivrogne, tandis que la demoiselle est
restée sur place. N'a-t-on pas raison de dire qu'il
y a un dieu pour les soulards? Le drôle nous a
tous trompés, on ne se doutait point qu'il avait
bu. Au moment de partir, il était aussi ferme sur
ses jambes que notre grand saint Pierre qui garde
la porte de l'église; la peur du bâton le soute-
nait, mais dès qu'il a été sur son siége, il est
parti comme le vent. Tant que le chemin fut
droit, ça n'alla pas mal, les chevaux n'avaient
point trop bu, eux; mais, à ce maudit ravin,
Dmitri n'ayant pas pris sur sa gauche, tout a
dégringolé, le droschy est en pièces, il y a un
cheval qui est aux trois quarts mort. Pour tout

l'or du *Kolivan*, je ne voudrais être dans la
peau du cocher, il y va de sa vie quand le
maître reviendra..... — Et où est-il allé? —
Belle demande! il est allé faire sa déclaration
à l'ispradvnik. Ce pauvre maître, ajouta le
fourbe avec un ton dolent qui redoubla mon horreur pour lui, il fait pitié, et mon cœur se fend
quand je le regarde; Dieu sait s'il n'en mourra
pas..... Il était si content hier quand il vit sa
filleule! pendant deux heures on ne parla que
du mariage et du trousseau; j'entendais tout ça
de loin. On faisait la liste des bijoux et de toutes
les robes qu'on devait acheter; jamais les curieux n'auraient vu un plus beau trousseau. Le
maître devait partir aujourd'hui pour dévaliser
tous les magasins de Moscou. La demoiselle avait
beau lui dire : « C'est trop, parrain, » il disait
toujours que ce n'était pas assez. La pauvre petite! elle est partie gaie comme l'alouette; ce
que c'est que de nous! une heure après elle s'é-
tait mariée avec la mort, c'est un vilain *promis*
que la mort, ce sont de vilaines noces que des
funérailles. »

» Un sourire aussi sombre que sa figure termina
le récit du maréchal; malgré l'indignation qu'il

m'inspirait, il fallut avoir l'air de croire cette
histoire, qui paraissait très-vraisemblable. Le
général, auquel on avait caché la brouillerie,
fut complètement dupe, le promis se désespéra,
mais sans pénétrer le mystère de cette mort. Il
était moins aisé de tromper le cœur d'une mère :
malgré les larmes et l'hypocrisie du parrain,
Mme Volkoff conçut de violens soupçons ; les démarches qu'elle voulait faire près de la justice
furent arrêtées par ses souffrances. Pendant six
mois on désespéra de sa vie ; dans le délire de
la fièvre, elle disait souvent que sa fille avait
été assassinée, qu'elle était morte avant de
quitter la maison du méchant Voronitcheff. Le
médecin répéta ces discours, on les mit sur le
compte de la fièvre, mais la femme de chambre,
assez mal payée pour garder son secret, laissa
échapper des propos qui firent plus d'impression.
Cependant, comme elle n'avait pas accompagné
sa maîtresse, son témoignage ne prouvait rien ;
celui du maréchal serait bien plus redoutable :
amoureux d'une jeune fille que je protége, un
jour, dans un moment d'ivresse, il lui raconta la
mort de Machinka ; c'est par cette paysanne que
j'ai su les derniers détails. La filleule, très-dan-

gereusement blessée, n'était point morte, peut-être pouvait-on la sauver, mais craignant ses accusations, et poussé par une jalouse rage, mon maître fit consommer le crime. Ainsi, après avoir été homicide par emportement, il devint assassin avec réflexion. Malheureusement tout s'est arrangé pour que la vérité ne sortît point de sa maison : il n'y a eu que des *on dit*, et une tentative d'enquête qui fut certainement arrêtée à force d'argent. Les mois et les années sont venus au secours de mon maître ; les vivans oublient bientôt les morts, il n'est plus question de la pauvre Machinka : mais sa mère, toujours inconsolable, ne perd pas une occasion d'exprimer son ressentiment contre l'indigne parrain, qu'elle n'a plus voulu revoir depuis la mort de sa fille. La femme de chambre s'est repentie du rôle odieux qu'elle avait joué, et a dit à Mme Volkoff tout ce qu'elle savait, ce qui a changé les soupçons en certitude. Elle ne demandait pas mieux que d'entamer le procès, mais vous savez, seigneur Paradikin, que la justice ferme souvent l'oreille aux cris de la misère opprimée. A présent, vous connaissez aussi bien que moi celui qui veut vous accuser d'un meurtre! Vous êtes

le seul homme dans le monde auquel je pouvais
faire cette confidence, le secret m'étouffait. Je
vais être plus léger de moitié puisque je l'ai déposé dans le sein d'un homme révéré dans tout
le canton. C'est tout comme si je l'avais jeté
dans un puits, étant bien sûr que si vous vous en
servez ce sera sans me nommer et sans me com-
promettre. »

Paradikin écouta cette longue narration avec
un vif intérêt. Lorsque Grégorieff cessa de
parler, son interlocuteur garda quelque tems
le silence ; en examinant la mobilité de ses traits,
il était aisé de reconnaître qu'une grande et
soudaine inspiration traversait sa pensée. Tout
à coup il sortit de cette méditation profonde
pour adresser quelques questions à l'intendant.
« Crois-tu, lui dit-il, que Voronitcheff se rende
très-promptement à Pétersbourg ? — Non, la
rapidité n'entre pas dans ses vues ; loin de là,
il s'est arrangé pour cheminer très-lentement.
— Tu as donc connaissance de son itinéraire ?
— Parbleu ! je le crois bien, puisqu'il est dans
mon portefeuille. Tenez, regardez cette liste de
villes et de maisons de campagne où le maître
doit s'arrêter. Il faut vous dire qu'en partant,

il mourait d'envie de ne point partir. Lisez les instructions, vous y verrez qu'il espère être rappelé pour l'arrangement qu'il vous propose ; là-dessus vous en savez plus que moi. — C'est à merveille ; mais crois-tu qu'après une ou deux stations, ennuyé d'attendre, il ne poursuivra pas rapidement sa route? L'envie de me nuire lui prêtera des ailes! — Je n'en crois rien. Son chemin est encombré d'amis, ou plutôt d'ennemis, qui lui gagnent son argent, car il est malheureux au jeu, ce qui ne l'empêche pas de rester douze heures devant un tapis vert ; ajoutez à ce passe-tems la chasse, la bonne chère et les jolies femmes, car il ne se refuse rien, ce bon maître! Viendra le tems où la fortune lui refusera tout. Nos affaires s'embrouillent furieusement, M. Paradikin, et si je ne me trompe, avant deux récoltes, la culbute aura lieu. Tâchez donc de nous acheter, nous qui sommes si voisins de vous : quel bonheur d'appartenir à un saint, au sortir des griffes du diable! — Je voudrais bien te délivrer, pauvre Grégorieff, mais il faut d'abord terminer la grande affaire qui m'occupe. Dis-moi, pourquoi Mme Volkoff n'a-t-elle pas fait le voyage de Pétersbourg? — Elle!

la pauvre femme; à moins qu'elle se perchât
sur un ballot de marchandises! Elle manque
absolument de ce qui fait voyager, d'argent.—
Ah! ah! eh bien! sois tranquille, je n'abuserai
point de ta confiance, et peut-être un jour
pourrai-je te prouver le cas que je fais de tes
honnêtes sentimens. Séparons-nous; bonjour,
mon cher Grégorieff; conserve ta gaîté, et espère en Dieu. »

Alors l'intendant baisa respectueusement la
main de Paradikin, lui indiqua son chemin, et
s'enfonça dans la partie du bois, d'où l'on entendait les chants et la coignée des bucherons.

Paradikin, rentré chez lui, s'enferma dans
son cabinet et écrivit jusquà la nuit tombante.
C'est alors qu'il demanda ses chevaux, et se
fit conduire chez Mme Volkoff, dont le petit
domaine n'était pas éloigné de sa terre. Cette
respectable dame fut aussi étonnée que flattée
de la visite d'un homme vénéré de tout le canton,
mais signalé pour sa misantropie. Après quelques mots échangés sur la presse des récoltes,
l'abondance des eaux pluviales et les offres de
services faites par le généreux voisin, ce dernier fit tomber la conversation sur la malheureuse Machinka. A ce nom chéri, sa mère versa

de nouvelles larmes; la plaie de son cœur était aussi vive que si cette chère enfant lui eût été enlevée la veille. Mme Volkoff laissa parler son ressentiment contre l'auteur du forfait; il n'était pas plus éteint que sa douleur. Dans le récit qu'elle faisait de cet événement, elle ajoutait au nom de Voronitcheff, celui d'assassin, comme si ces mots n'avaient pu se prononcer l'un sans l'autre. Paradikin entra dans ses peines avec un intérêt qui toucha vivement la pauvre mère; mais lorsqu'elle exprima le regret de n'avoir pu provoquer la vengeance des lois contre le meurtrier, le compatissant voisin, s'emparant de cette idée, lui dit : « Madame, il en est tems encore. Si le sang de votre fille fut versé dans l'accès d'une barbare jalousie, vous pouvez appeler le châtiment sur la tête du coupable. Mais les moyens ordinaires seraient nuls; il faut des voies plus larges à une accusation dont plusieurs années affaiblissent le poids. Ici, vos plaintes seraient la voix dans le désert; ce n'est qu'aux pieds de l'impératrice qu'elles peuvent être entendues. Partez, Madame, avec confiance : Catherine, notre mère, vous écoutera; la justice est un des premiers besoins de sa grande ame. »

Mme Volkoff opposa à ce conseil son impuis-

sance de faire un voyage coûteux. Paradikin
avait préparé sa réponse ; il offrit argent, voiture, lettres de recommandation et de crédit,
enfin, un homme sûr et intelligent pour l'accompagner dans ce long voyage.

Depuis long-tems on s'était familiarisé dans
le canton avec les actions généreuses de l'homme
mystérieux. La pauvre veuve attribua cette
nouvelle singularité à un pur sentiment de bienfaisance ; elle accepta ses offres avec transport ;
elle entra dans toutes ses vues, et montra une
volonté et un courage qui donna beaucoup d'espoir à Paradikin pour la réussite du projet qu'il
avait conçu. Tout fut arrangé et combiné avec
la finesse et la haute prudence qui le dirigeait
dans les circonstances graves. Les principales
dispositions étaient que le départ aurait lieu
dans la nuit du lendemain ; qu'on donnerait à
cette absence le prétexte d'une visite faite à une
vieille parente habitant les environs de Kalouga,
et que Mme Volkoff emmènerait avec elle la
femme de chambre dont les dépositions feraient
sentir la nécessité d'appeler à Pétersbourg deux
témoins bien plus importans.

Avant de quitter cette dame, le prudent

voisin lui donna une lettre pour un de ses amis ;
il le chargeait spécialement d'applanir tous les
obstacles que pourrait éprouver la touchante
mission qu'elle entreprenait ; il lui recomman-
dait, sans expliquer le motif, de la placer sur
le chemin de l'impératrice dans le moment le
plus favorable à la présentation d'une requête.
Il écrivit lui-même cette requête dans un style
simple et concis ; il la fit ensuite copier par
Mme Volkoff. Le peu de mots qu'elle contenait
ne pouvait que faire une vive impression sur le
cœur magnanime de l'impératrice.

Il joignit à la lettre de recommandation, qu'il
remit ouverte, comme cela se pratique, une
lettre particulière à son ami ; elle contenait des
instructions étrangères au voyage de Mme Volkoff. Cette longue dépêche avait été écrite chez
lui au sortir de son entretien avec Grégorieff.
Tout étant bien arrêté, à trois heures du matin
il prit congé de la veuve en lui adressant ses
vœux pour le succès de son voyage.

Rentré chez lui, il s'occupa avec la plus
minutieuse attention d'organiser le matériel du
voyage ; un serviteur intelligent et dévoué fut
choisi pour accompagner Mme Volkoff ; une voi-

ture, aussi solide que commode, fut garnie de toutes les provisions qui dispensent de s'arrêter en route, car il avait été convenu qu'on ne prendrait que le tems nécessaire aux changemens de chevaux.

Lorsque la nuit survint, l'équipage s'achemina vers le petit domaine. Doué du génie des précautions, Paradikin fit suivre son intendant en droschy, avec ordre de revenir sur-le-champ si quelque chose avait été oublié dans la longue conférence tenue la veille, et aussi pour assister au départ. Quatre heures après cette expédition, il vit arriver l'intendant qui avait conduit Mme Volkoff jusqu'à la première station de poste ; il rendit le compte le plus satisfaisant de sa mission, et remit un billet contenant ce peu de mots :

« Mon très-généreux voisin, je pars à l'ins-
» tant ; votre parfaite obligeance a tout prévu,
» je vous en remercie du fond de l'ame. Ma
» tendresse pour la mémoire de mon enfant me
» donnera des forces surnaturelles ; je ne perdrai
» pas une minute ; avec l'aide de Dieu, et sou-
» tenu de vos bontés, j'espère avoir gain de
» cause. En obtenant la punition du coupable,

» j'arrêterai du moins le cours de ses iniquités ;
» cette pensée m'est plus douce que la ven-
» geance ; c'est encore honorer la mémoire de
» ma pauvre fille. »

Paradikin, satisfait de son incroyable activité dans l'emploi des dernières quarante-huit
heures, reprit le cours uniforme de ses plus
chères habitudes, et abandonna entièrement sa
destinée aux décrets de la divine Providence.

On s'étonnera qu'un pécheur converti songe
à repousser, par une accusation, l'attaque de
son ennemi : un vrai chrétien devait accepter,
avec humilité et résignation, le juste châtiment
d'un grand crime. Mais combien est rare cette
piété ferme et profonde qui change en délices
toutes les épreuves que le ciel nous envoie!
Notre conscience a mille manières d'éluder la
perfection religieuse et morale. Paradikin, en
fournissant à une mère infortunée les moyens de
venger sa fille, pouvait croire qu'il faisait un
acte de justice, et qu'il rendait un service signalé à tout le canton, en le débarrassant d'un
furieux tel que Voronitcheff.

Maintenant il faut que le lecteur franchisse un
intervalle de dix jours, et une distance de plus

de deux cents lieues , pour se transporter dans
la salle du conseil suprême , au palais d'Hiver
de Saint-Pétersbourg : là , entrent successivement les conseillers privés actuels, parmi lesquels on distingue quelques vieux généraux fatigués de vaincre les Turcs , et qui se reposent
des armes dans le paisible exercice des fonctions
civiles. Bientôt le procureur général de l'empire entre , suivi d'un huissier de la chambre,
qui dépose , sur une longue table couverte d'un
tapis , un portefeuille gros des premiers intérêts
de l'état ; tous les membres se lèvent et saluent
le procureur-général , ministre de la justice et
président né du sénat, qui se rend à la première
place , sur la droite du fauteuil de l'impératrice.

Il est à remarquer qu'avant ou après la dis-
cussion des affaires sérieuses , les plus graves
personnages aiment à se distraire en s'occupant
des plus petites choses ; avant , pour se dédommager par anticipation de l'ennui qu'ils vont
éprouver ; après , pour se distraire d'une gène
et d'une contention d'esprit qui a duré plusieurs
heures. Les seigneurs russes de cette époque ,
déjà soumis à toutes les frivolités de la civilisation européenne comme aux hautes conceptions

de la politique, s'amusaient, en attendant l'arrivée de la souveraine, du récit de quelques anecdotes de la cour, de la ville et même du théâtre. L'assemblée se dilatait avec ces jolis riens qui font fortune dans tous les pays, hors chez les Orientaux, toujours graves dans les affaires et jusque dans leurs plaisirs. Ici on riait à demi, on causait à voix basse; le respect du lieu tempérait la gaîté et ne l'étouffait point. Mais les horloges du palais sonnent dix heures, c'est le signal du silence; la scène va changer, Catherine est exacte comme Louis XIV, ce grand modèle de toutes les grandeurs.

Les battans s'ouvrent, on annonce l'impératrice; elle est suivie de quelques personnes, et salue les conseillers rangés sur deux lignes parallèles; bientôt les officiers de S. M. disparaissent, les portes se referment, et la séance est ouverte.

Mais cette fois un nuage obscurcit le front toujours gracieux de la souveraine; elle parle, et l'altération de son organe enchanteur trahit une émotion pénible dont elle va peut-être dévoiler la cause; les conseillers attendent avec un silence respectueux le moment où l'impératrice déposera dans la pensée discrète de ses fidèles serviteurs les inquiétudes qui l'agitent.

« Messieurs, dit-elle après s'être recueillie quelques instans, nous ne voulons pas que ce portefeuille s'ouvre aujourd'hui ; suspendons le cours des occupations ordinaires : deux intérêts nouveaux, et tous deux affligeans, viennent de nous assaillir ; ils oppressent notre ame, et nous porterions dans les débats des affaires de l'empire une invincible distraction.

» Tout à l'heure, comme nous sortions de notre chapelle, une femme s'est jetée à nos pieds, en s'écriant : « Justice ! notre mère, justice !!! Ma fille est morte assassinée, et depuis quatre ans ce forfait demeure impuni. » Emue jusqu'au fond du cœur par ce cri maternel, nous faisons relever cette dame, dont le malheur a flétri les traits ; nous encourageons sa confiance, et nous lui promettons qu'il sera fait droit à sa plainte. Cet engagement est sacré, messieurs, vous nous aiderez à l'accomplir. Lorsque, par un abus déplorable, la justice a pu sommeiller pendant quatre années à côté d'un crime, il faut que son réveil soit rapide comme la foudre. La requête de cette mère infortunée

nous indique deux hommes dont le témoignage
doit jeter un grand jour sur une affaire enveloppée des ombres du tems; nous désirons que
ces hommes soient appelés sans retard, et que
le prévenu, quel qu'il soit, comparaisse devant
la chambre criminelle de notre sénat. »

Le procureur-général se lève, et reçoit de
l'impératrice la supplique de Mme Volkoff, puis
il dit : « Madame, en sortant du palais j'expé-
dierai deux feltiègres au gouverneur général de
votre province de Kalouga, et sous peu de jours
j'aurai l'honneur de soumettre à votre majesté
le rapport qui sera fait sur l'audition des témoins
désignés, et de lui annoncer l'arrestation du
coupable. »

L'impératrice adresse une légère inclination
de tête à son ministre, et passe à l'autre sujet.

« Les chances heureuses ou malheureuses ne
vont jamais seules; c'est une remarque que nous
avons faite plusieurs fois. Ce matin, on nous a
remis une lettre qui nous confondit d'étonnement : jamais écrit plus extraordinaire ne nous
est parvenu; il contient encore la révélation
d'un assassinat. Aussi appellerons-nous ce jour
un *jour noir*, pour nous exprimer comme nos

bons paysans russes. Mais, Messieurs, je ne
veux point affaiblir le sentiment que vous allez
éprouver; le langage de l'homme qui s'accuse
lui-même est supérieur à tout ce que je pour-
rais vous dire. M. le procureur-général va vous
lire cet écrit. »

Le ministre reçoit ce papier, et lit lentement
la lettre suivante :

« Auguste mère de la nation russe,

» Le plus coupable de tous vos sujets se pros-
» terne aux pieds de votre majesté pour lui dé-
» voiler son crime. La princesse ****, issue
» d'une famille d'anciens boyards, ma maî-
» tresse, ma protectrice, a succombé sous mes
» coups, il y a trente-et-un ans, dans une forêt
» de l'Italie; elle a péri victime du senti-
» ment le plus bas, la cupidité! J'épargne les
» détails de ce meurtre à votre Majesté; ma
» main tremblante se refuse à tracer ce ta-
» bleau sinistre. Les remords m'ont puni, mais
» non la fortune. Après mon attentat, j'ai
» amassé de grands biens; ceux-là furent léga-
» lement acquis, mais j'en déteste la sanglante
» origine. Je prends la liberté d'adresser à votre

» Majesté une copie de mon testament, déposé
» depuis dix ans chez un homme de loi au chef-
» lieu de mon district. La disposition que je fais
» de mes biens prouve que je n'attendis point
» les glaces de l'âge pour me repentir. Le pro-
» duit de mon crime appartient de droit aux
» héritiers naturels de mon infortunée maî-
« tresse, s'il s'en présente ; car je crains que
» cette illustre famille ne soit éteinte. Quant
» aux fruits d'une vie active et laborieuse, je les
» lègue aux hôpitaux de Kalouga. Mais ces der-
» niers vœux d'un vieillard ne recevront leur
» accomplissement que si votre Majesté daigne
» les sanctionner. Du moment où je m'accuse,
» rien n'est à moi ; mes aveux vous rendent
» l'arbitre de mes biens et de ma vie. Jusqu'à
» présent je me suis soustrait à la rigueur des
» lois, et j'ai échappé à l'infamie ; mais mon
» ame criminelle n'a pu s'affranchir des re-
» mords : j'ai vécu, j'ai vieilli avec eux. Le
» tems, qui guérit tout, ne les a point effacés ;
» ils me déchirent encore ; ils me poursuivent
» nuit et jour. Ce supplice que j'endure depuis
» trente années, je l'offre avec humilité au
» Tout-Puissant comme une trop faible expia-

» tion de ma faute. Mais ne dois-je rien à la
» justice humaine, et le ciel approuve-t-il mon
» silence avec elle? Puis-je envisager la mort
» sans crainte, si je continue à me dérober à la
» vengeance des lois? Ce doute est affreux; je
» veux m'y soustraire en me livrant à la justice
» et à la décision de votre Majesté. Son arrêt
» me trouvera dans l'asile où je cache mes dou-
» leurs, et où j'ai quelquefois goûté la conso-
» lation de faire un peu de bien. Je recevrai,
» Madame, avec autant de respect que de sou-
» mission les ordres émanés de votre trône au-
» guste, quels qu'ils soient. Si votre grande
» ame, après cet aveu volontaire, ne me juge
» pas indigne de pardon, les instans qui me
» restent seront consacrés à bénir le nom vénéré
» de notre mère; si elle ordonne ma punition,
» je la subirai avec un courage qui peut-être
» fera descendre sur moi la miséricorde divine.

» Je suis, etc., etc., etc.

» PARADIKIN. »

» Eh bien! Messieurs, dit l'impératrice,
n'êtes-vous pas frappés comme nous de la singularité de cette démarche? Ne vous semble-t-elle

pas inouïe dans les annales du crime et des grands
repentirs? L'acte que mentionne cet écrit est
sur cette table, avec une multitude de lettres
de nos gouverneurs et vice-gouverneurs et de
plusieurs voisins des domaines de Paradikin;
toutes ces lettres qu'il reçut à diverses époques,
sont autant de témoignages de la bienfaisance et
de l'ardente charité de cet homme étrange.
Rien, quant il s'agit de rendre service, n'effraie
son héroïque dévouement. Enfin, si nous jetons
un voile sur le forfait dont il s'accuse lui-même,
nous voyons que sa vie est un long enchaînement d'actions nobles, touchantes et généreuses.
Il avait beaucoup à réparer, et le soin d'acquitter
cette dette immense, devint sa pensée domi-
mante. Vous voyez, messieurs, avec quelle
minutieuse attention nous avons examiné toutes
les pièces qui accompagnent celle que vous
venez d'entendre; depuis l'aube du jour, nous
n'avons cessé de méditer profondément sur la
délibération que nous allons prendre; prosternée
aux pieds des autels, nous avons prié le Dieu
qui éclaire les rois, d'inspirer son humble servante dans cette grave question.

» Un crime atroce a été commis sous le règne

de l'impératrice Elisabeth, de glorieuse mémoire;
la famille de la victime, les lois ne furent point
vengées; le coupable resta impuni. Mais, messieurs, ne faut-il pas mesurer le long intervalle
de tems, et la grande distance qui nous sépare
des lieux du forfait commis dans d'autres états
que les nôtres? Sans la confidence inespérée du
criminel, sa faute restait ensevelie dans une
nuit profonde, son secret mourait avec lui.
Ferons-nous lever le bras de la justice sur la
tête d'un vieillard qui se livre à nous précédé
par la pénitence et escorté des éclatans témoignages de mille actions vertueuses? Ne pensez-
vous pas avec nous, messieurs, que Paradikin
s'est mis hors du domaine de la justice terres-
tre; que désormais sa cause est du ressort des
vengeances ou des miséricordes du ciel? Nous
abandonnons ces considérations aux lumières et
à l'expérience de nos fidèles conseillers ; les souverains peuvent s'égarer dans leur clémence
comme dans leur rigueur : faites-nous entendre
la vérité, ses accens n'effarouchent jamais notre
oreille. »

Un silence approbatif succéde au discours de
Catherine. Le procureur-général jette un coup

d'œil sur l'assemblée ; il se lève et dit : « Madame, plus je regarde autour de moi, plus je crois être l'organe de l'unanime impression du conseil, en rendant hommage à la profonde sagesse que vient de déployer votre Majesté. Paradikin est évidemment dans le cas de la prescription, mais le tems ne l'eût-il point placé sous cette égide tutélaire, sa déclaration spontanée, sa parfaite conduite, attestée par toutes les autorités supérieures, le rendraient encore digne de l'acte de clémence que lui prépare votre cœur magnanime. »

Après ce discours, un conseiller privé actuel se lève : « Madame, dit ce magistrat, si votre Majesté me permet d'ajouter mon témoignage à ceux dont s'appuie la cause de Paradikin, j'oserai lui dire que cet homme singulier ne m'est point inconnu. Lorsque votre Majesté daigna nommer mon fils au gouvernement de Toula, je passai quelques jours dans la ville du district où est située la terre de Paradikin ; j'entendis parler de lui. Après m'avoir donné des détails fort curieux sur l'originalité de ce personnage, on me parla avec enthousiasme de son incomparable charité et de son empressement à rendre

service. Plusieurs traits honorables sont restés
dans ma mémoire ; aussi, n'est-ce pas sans un
vif attendrissément que je vois votre Majesté
prête à faire luire sur la tête du vieillard repentant les rayons de son auguste clémence. »

Alors l'impératrice fit entendre ces paroles :
« Heureuse de pouvoir appuyer notre conscience
sur celle des membres de notre conseil, nous
nous disons, avec un véritable sentiment de joie,
que notre arrêt sera à la fois clément et juste ;
oui, Messieurs, nous allons le prononcer sans
trouble et sans la crainte amère du regret :
« Qu'il soit fait grâce! »

Ces mots, dits avec l'accent d'une ame heureuse de pardonner, électrisent l'auditoire, et,
par un mouvement aussi extraordinaire que la
cause qu'on vient de traiter, tous les membres
du conseil applaudissent à l'arrêt de leur souveraine. Cette explosion, contraire à l'étiquette
d'une grave séance, flatte le cœur de Catherine; elle se lève en souriant, les deux battans
de la salle se rouvrent, l'impératrice disparaît,
et l'assemblée se sépare.

Mais il nous semble qu'il est de toute justice
de revenir au voyageur que nous laissâmes sur la

route de Pétersbourg ; sa course fut lente, comme
l'avait prévu Grégorieff : partout où il trouvait des
amis ou des connaissances , les plaisirs l'enchaî-
naient et l'étourdissaient au point de lui faire oublier le but très-sérieux de son voyage. Les seigneurs russes sont fort susceptibles d'ennui dans
leurs belles demeures champêtres ; ils savent
donc un gré infini à ceux qui viennent rompre la
monotonie des cercles de famille ; alors l'amphy-
trion s'évertue pour procurer joyeuse vie à ses
convives. Chaque jour a ses amusemens et ses
projets pour ceux du lendemain. Tout le voisinage est convoqué. La chasse, la pêche, les
concerts en rase campagne ou sous les ombrages des forêts ; les spectacles, les festins, les
courses de chevaux, les feux d'artifice, tout est
mis en œuvre pour prouver qu'on s'amuse, et
donner une haute idée des magnificences de sa
maison. En prolongeant son séjour dans ces
bruyantes retraites, Voronitcheff avait un double motif, celui de s'amuser, qu'il faut toujours
mettre en première ligne chez les Russes, et
aussi le désir de laisser à Paradikin le tems de
réfléchir et de préparer les *cent mille roubles.*
Tous les soirs il s'informait soigneusement si

Andrea Alexievitch n'était point arrivé ; mais,
à chaque vingt-cinq werstes, sa confiance di-
minuait ; l'espoir de toucher la somme si ardem-
ment convoitée, et si nécessaire au redresse-
ment de sa chancelante fortune, s'évanouissait
à chaque tour de roue. Quelquefois, il se re-
prochait d'avoir été trop exigeant. Peu à peu il
regarda la chose comme manquée, et ne s'en
désola point, parce que quelques brillantes réa-
lités vinrent à son secours. Contre son usage,
il avait joué très-heureusement dans les lieux
où il s'était arrêté ; sa bourse et son portefeuille
s'étaient prodigieusement grossis des pertes de
ceux qui l'avaient fastueusement traité. On a pu
remarquer cent fois que celui qui donne à dîner,
s'il s'avise de jouer avec ses convives, éprouve
presque toujours les mauvaises chances du tapis,
ce qui nous paraît l'exagération de l'hospitalité.

Voronitcheff, charmé de sa réconciliation avec
l'aveugle déesse, entra à Pétersbourg comme un
homme appelé à y jouer un rôle important. Les
capitales, se disait-il, sont friandes de nouveau-
tés et de choses extraordinaires ; je serai certainement l'homme à la mode pendant quelques
jours. En me voyant, on se dira : « Voilà celui

dont la finesse peu commune sut découvrir un crime enfoui dans les entrailles du passé. » A peine entré dans un cercle, je me verrai entouré, questionné ; j'appellerai sur moi la plus vive attention ; mais les succès de société ne mènent à rien ; c'est pure affaire d'amour-propre. Je compte bien plus sur le ministre : ma révélation va me mettre en faveur ; *l'œil de l'empire* * m'adressera un regard bienveillant lorsque je lui présenterai les élémens d'une cause célèbre ; c'est un vrai régal pour un ministre de la justice qu'une procédure d'un genre aussi sombre, aussi dramatique ; les agens du pouvoir accueillent avec empressement tout ce qui leur donne de l'importance, surtout chez un peuple léger et distrait, où les ministres sont presque inaperçus, tant ils restent petits devant la puissance colossale qui, tout à tour, les élève et les brise. »

Tels étaient les gracieux rêves du voyageur, lorsque ses deux voitures entrèrent avec fracas dans la cour de l'hôtel d'Europe, où il descendait habituellement. Dès qu'on eut transporté

---

* C'est le nom que donnait Pierre Ier au procureur-général de l'empire, président du sénat.

ses effets dans l'un des appartemens du *bel·étage* *, le zélé défenseur de la morale publique, ne voulant pas ajouter une minute au tems qu'il avait perdu, écrivit, avant même le débotté, au ministre de la justice, pour solliciter une audience : la réponse ne se fit point attendre ; le rendez-vous était indiqué pour le même jour, à neuf heures du soir. Voronitcheff, flatté au dernier point, attribua cette obligeante célérité au prestige de son nom, qu'il croyait historique. Lorsque la pendule sonna sept heures, Voronitcheff livra sa tête au perruquier. Dans ce tems-là, c'était une grande affaire que la coiffure échaffaudée d'un homme de bonne compagnie. Après cette longue opération, le noble campagnard s'affubla d'un habit tout resplendissant de paillettes ; on eût dit qu'il voulait éblouir les yeux de l'altesse avant de captiver son esprit par l'improvisation notée d'une aventure merveilleusement tragique. Bientôt après il monta dans un carrosse à quatre chevaux, et s'achemina au rendez-vous le cœur gonflé de joie

---

* On appelle ainsi l'étage situé au dessus du rez-de-chaussée.

et d'orgueil, comme s'il procédait à la conquête d'une province.

Il ne put pas se plaindre qu'on lui fît faire antichambre ; car, à peine était-il annoncé, qu'on l'introduisit dans le cabinet du ministre ; il l'aborda avec cette confiance d'un homme persuadé qu'il va rendre un très-grand service. On pense bien qu'il s'était muni de la lettre du criminel, et des papiers que lui avait remis la vieille hôtesse. Il commença son récit avec l'emphase d'un orgueilleux et la jactance d'un sot. Trop occupé de son discours pour observer le jeu de physionomie de son interlocuteur, il croyait déjà avoir produit un grand effet, lorsqu'à la sixième phrase, le ministre, l'interrompant brusquement, lui dit, d'un ton sec : « Monsieur, je sais tout cela ; vous pouvez vous dispenser d'aller plus loin ; c'est un soin inutile. — Mais, mon prince, comment sauriez-vous une chose ignorée, et que moi seul, dans toute l'étendue de l'empire, je..... — Mais, Monsieur, si la personne que vous venez accuser vous avait prévenu en s'accusant elle-même ; si elle avait révélé son crime sans rien déguiser, vous conviendriez, je pense, que son témoignage serait

suffisant, et qu'il nous dispenserait de tout
autre? Eh bien! Monsieur, ce que je vous présente comme une supposition est un fait réel,
positif. Or, le coupable devant être envisagé
par la justice comme mieux instruit que ses ac-
cusateurs, il est tout-à-fait superflu d'écouter
votre rapport et de discuter une chose jugée. —
Une chose jugée! Oserais-je prendre la liberté
de demander à votre altesse quelle est la peine
infligée à ce misérable..... — Celle de rester tranquillement chez lui, et de continuer à
honorer sa vieillesse par ses actions généreuses
et son noble repentir. — Mon prince, je vois,
avec douleur, que M. Paradikin, ou plutôt *le
valet Koustroff*, a surpris la religion de ses juges
par beaucoup d'hypocrisie et l'écorce trompeuse
de quelques vertus. — Vous voyez mal, Monsieur; cessez d'outrager celui qu'un acte de
clémence, émané du trône, vient de placer sous
l'égide des lois : sa majesté l'impératrice a prononcé la grâce de M. Paradikin ; les lettres sont
expédiées et déjà entérinées devant les tribunaux
supérieurs de sa province. »

Ici la figure de Voronitcheff prit l'expression
du dépit, et son accent fut tout-à-fait d'accord

avec cette expression, lorsqu'il dit au ministre :
« En ce cas, j'éprouve un véritable regret d'a-
voir dérangé votre altesse. » Il se disposait à
sortir en faisant un salut beaucoup moins profond que lorsqu'il était entré, quand le prince
le rappela. Ce dernier s'était amusé pendant
quelques instans de la sécurité du dénonciateur,
comme le chat qui joue avec la souris, et fait
semblant de l'abandonner, tout en suivant chacun de ses mouvemens. « Encore un mot, Monsieur, s'écria-t-il, nous n'avons pas tout dit;
vous qui mettez tant d'importance au redresse-
ment des torts, vous qui attachez un si grand
prix à ce que justice se fasse, et à ce qu'on pu-
nisse un crime très-ancien, mettez la main sur
votre conscience, ne vous reproche-t-elle rien?
N'êtes-vous point l'auteur d'un forfait beaucoup
plus récent? — Moi, mon prince? — Vous-
même! qu'avez-vous fait de Machinka Alexiewna,
de Mlle Volkoff, de votre filleule! répondez? »

A cette interpellation si imprévue, Voronitcheff se trouble, pâlit, et comme il hésitait à
répondre, le ministre répète sa question en éle-
vant la voix. L'accusateur, devenu accusé, fait
effort sur lui-même, et affectant une tranquil-

lité qu'il n'avait point, il répond : « Mon prince,
Mlle Volkoff est morte par suite d'un accident
de voiture; ce fait est de notoriété publique :
un misérable cocher, pris de vin, la recondui-
sait chez elle, lorsque....... — C'en est assez,
Monsieur, vous allez me répéter le roman dont
vous colorâtes votre assassinat; je suis mieux
informé, je sais tous les motifs qui amenèrent
cette catastrophe. Votre filleule, voulant se dérober à vos poursuites, paya de sa vie une juste
résistance. Elle est morte dans votre maison;
c'est votre main qui porta le premier coup; et
lorsque, peut-être, elle pouvait échapper à la
mort, votre barbarie atroce fit étouffer cette
malheureuse victime. Deux de vos gens.......
— Mon prince, croyez-moi! c'est une abominable calomnie; j'invoque le témoignage de
Mme Volkoff; depuis quatre ans que sa fille est
morte, eût-elle jamais l'idée de porter sa plainte
devant les tribunaux. — Eh bien! Monsieur, c'est
elle-même qui vous accuse; c'est elle qui appelle
la rigueur des lois sur la tête du meurtrier de
sa fille. — Une semblable accusation, venue si
tard, ne doit pas inspirer une grande confiance.
J'aurai pour me défendre les dépositions de mes

gens; ils ne pourront que soutenir mon innocence. Je vais les mander ici. — Ne vous don-
nez point cette peine, Monsieur; ils sont arrivés; cela vous surprend, je le crois; il s'est
passé beaucoup de choses depuis le moment où
vous quittâtes votre demeure. Vos gens ont
été interrogés séparément ; leur témoignage
n'offre pas une variation. La femme de chambre
de Mme Volkoff, dont vous achetâtes la com-
plicité, dépose aussi contre vous. Enfin, toutes
les preuves sont accablantes. Depuis dix jours,
la police vous cherche; vous êtes venu au devant d'elle. Demain, vous paraîtrez au tribunal ;
si la justice sait quelquefois être indulgente pour
le coupable repentant et rentré dans la route
du bien, elle doit se montrer inflexible et
prompte pour celui qui, se jouant des principes
les plus sacrés, unit au crime l'insolence et
l'audace. »

Il serait difficile de peindre le saisissement et
l'effroi de Voronitcheff, resté debout devant un
juge dont les sévères accens redoublaient sa terreur : lorsqu'il apprit que les témoins et acteurs
de la soirée tragique de la Saint-Michel étaient
arrivés, et prêts à le confondre, ses jambes

fléchirent sous lui ; il fut obligé de s'asseoir, et,
par un mouvement naturel, il chercha le siége
le plus éloigné du ministre. Aussitôt celui-ci
frappe dans ses mains ; la porte s'ouvre ; un
officier de police se présente avec quatre hommes. « Conduisez le prévenu à la forteresse, dit
le procureur-général ; le gouverneur le recevra ;
je l'ai fait annoncer. »

En se retirant, Voronitcheff maudit dans son
ame le jour où il avait juré la perte de Paradikin ; la rage de le voir sortir sain et sauf d'une
épreuve aussi redoutable ajoutait encore à son
désespoir.

Ici, se termine notre relation ; nous ne suivrons point le coupable devant les tribunaux où
il fut condamné, ni dans les abîmes profonds
de la Sibérie, où il expia ses fautes. Les deux
complices travaillèrent aux mines toute leur
vie ; ils évitèrent la peine du knout, le tribunal
ayant égard à leur état de domesticité et d'o-
béissance passive aux volontés de leur maître.

L'impératrice ordonna qu'après l'acquitte-
ment des nombreux créanciers de Voronitcheff,
il serait prélevé sur les débris de cette fortune,
un capital portant intérêt de quinze cents rou-

bles, comme pension viagère accordée à la mère
de Machinka.

Paradikin acheta la liberté de l'honnête Grégorieff, et l'établit dans sa maison, plutôt en
qualité d'ami que de serviteur. L'homme mystérieux n'était plus une énigme pour la curiosité
publique. La révélation de son secret le rendit
encore plus solitaire. Il survécut quinze ans aux
lettres de grâce qu'il avait obtenues, et continua d'édifier ses voisins par ses bonnes actions
et sa piété sincère.

Ces deux terribles aventures se sont point
effacés de la mémoire des hommes. Dans les
longues soirées d'hiver, les Russes racontent
encore à l'étranger, reçu sous le toit hospita-
lier, l'histoire des *deux crimes.*

FIN DU TOME TROISIÈME ET DERNIER.

TABLE.

—

FIN DE LA TABLE DU TOME TROISIÈME ET DERNIER.